Adolf Wislicenus

Gegenwart und zukunft der Religion

Adolf Wislicenus

Gegenwart und zukunft der Religion

ISBN/EAN: 9783743346352

Hergestellt in Europa, USA, Kanada, Australien, Japan

Cover: Foto ©Lupo / pixelio.de

Manufactured and distributed by brebook publishing software (www.brebook.com)

Adolf Wislicenus

Gegenwart und zukunft der Religion

Gegenwart und Zukunft
der
Religion.

Zu der von Strauss angeregten Frage

über

„den alten und den neuen Glauben."

> Das Alte ist vergangen; siehe, es ist
> Alles neu geworden.   Paulus.

Von

Gustav Adolf Wislicenus.

Leipzig,
Verlag von Ernst Keil.

Vorwort.

Kaum haben wir uns in schwerem Waffengange von dem westlichen Nachbar wieder Ruhe erkämpft, so ist ein neuer Kampf mit der römischen Priestermacht ausgebrochen, der, wenn auch ganz andrer Art, doch nicht minder schwer und bedeutend ist. Er wird langwieriger sein, weil jene Macht weit in unser Land hereinreicht, ja die Köpfe und Herzen unsres Volkes einem Theile nach beherrscht. Zugleich aber ist glücklicher Weise der Streit in der Kirche selbst entbrannt: die Unfehlbarkeitslehre hat die Geister aufgeregt und dadurch die Gefahr für den Staat abgeschwächt.

Die protestantische Kirche ihrerseits als solche sitzt zwar immer noch fast regungslos auf alter Stelle, und die Gemeinde — wenn wir von einer solchen reden können — läßt Alles ruhig über sich ergehn, was abgestandene Mächte über sie verhängen: aber dennoch kann es nicht fehlen, daß früher oder später auch hier die längst vorhandenen treibenden Keime neuen Lebens die todte Form zersprengen, die Fessel zerreißen, wozu die neuesten, wenn auch dem Umfange nach geringen Ereignisse doch allzu sehr mahnen.

In dieser Zeit neu erwachten Kirchenstreites hat auch das lebende Haupt der gegen die Kirchenlehre geführten wissenschaftlichen Kritik, D. F. Strauß, im Namen der unkirchlichen Bildung sich über das Alte und Neue auf dem Gebiete der Religion ausgesprochen und dadurch einen Streit selbst auf dem freiern Boden hervorgerufen.

Das hier folgende Schriftchen war bereits vor dem Erscheinen der Strauß'schen Schrift über „den alten und den neuen Glauben" beabsichtigt und begonnen, hat dann aber auf dieselbe hie und da Bezug genommen, ohne sie etwa Schritt für Schritt zu besprechen. Es besteht aus drei verschiedenen, jedoch in innerm Zusammenhange stehenden Aufsätzen. Der Verfasser wird die Religionsfrage nach Verschiedenheit von Natur und Stellung wieder in etwas anderm Lichte betrachten und behandeln, wenn er auch mit Strauß auf wesentlich demselben kritischen Boden steht. Jene Frage hat neben der vaterländischen sein Leben bewegt, ist Trieb und Ursache seines Handelns und Leidens gewesen: es drängt ihn demnach, sich zusammenfassend darüber auszusprechen.

Das Schriftchen will, was schon sein geringer Umfang zeigt, nicht ausführen, sondern nur die Grundzüge des Uebergangs vom Alten zum Neuen andeuten, etwa für Einverstandene ein Wegweiser an den sich kreuzenden Straßen sein. Es wird Nachfolger haben, wenn Leben und Kraft es gestatten.

Fluntern bei Zürich, Mai 1873.

G. A. W.

1.
Die Kirche.

Nicht lange ist es her, daß dem „Papstkönig" sein Königreich, das sich quer durch Italien von Küste zu Küste legte, auf den schmalen Küstenstreifen des westlichen Meeres beschränkt wurde; und schon ist ihm auch dieser letzte Rest genommen, ja in die ewige Stadt, an die heilige Stätte, ist der Feind vorgedrungen und hat ihm nur noch den einen Palast, den alten Vatican, zur Zuflucht gelassen: nicht über einen Fußbreit Landes hat er noch zu gebieten, er ist kein König mehr, nur noch Priester, er nennt sich einen Beraubten und Gefangenen. Man hat ihm freilich seine „Souveränetät" gesetzlich gesichert; aber was hilft der Name, wenn die Sache nicht mehr ist, oder doch auf sein Wohnhaus sich beschränkt. Man hat ihm reiche Einkünfte gesichert aus dem Lande, das er früher beherrschte; aber er empfängt sie als Gnade, — sie sind schließlich doch nur eine Alterspension für das gesammte Papstthum, — und die sie ihm zuerkannten, thaten es nicht aus Religion, sondern aus Politik, und können sie ihm ebenso jederzeit wieder nehmen. Darum hat er sie auch bisher von si[ch] gewiesen.

Und das hat eben nicht ein Feind von außen getha[n] kein Kaiser etwa der barbarischen Deutschen, der m[it] seinem Heerzuge über die Alpen gekommen wäre, u[nd] nach kurzer Frist dahin zurückzukehren, sondern das Vol[k] des Eigenthums, das alte Italien, mit seinem neue[n] Könige an seiner Spitze. Ja selbst die, welche so glückli[ch] waren, von Papst und Kirche unmittelbar regiert z[u] werden, haben diesen Vorzug gern preisgegeben, habe[n] Jeden, der sie loszureißen kam, mit Jubel empfange[n] und selbst Rom hat dem Berauber freudig seine Thor[e] geöffnet.

Da sitzt er nun, der „heilige Vater", der „Statthalter Gottes und Jesu Christi auf Erden", und ruf[t] vergeblich nach Hülfe nach oben wie nach unten; kein[er] seiner Kinder rührt einen Finger für ihn, überall Gleichgültigkeit, wo nicht Hohn, und da, wo man noch für ih[n] fühlt und helfen möchte, Ohnmacht. Auch die sonst s[o] getreuen Nachbarmächte haben höchstens gute Wünsche aber auf allen Ruf nach Hülfe nur ein Achselzucken, un[d] auf alle Flüche und Verdammungen auch nicht mehr das alte „heilige römische Reich deutscher Nation" abe[r] ist gar in ganz unrömische Hände gerathen, holt sich di[e] Kaiserkrone nicht mehr in Rom, und geht nicht meh[r] nach Canossa. „O, wie bist du vom Himmel gefallen du schöner Morgenstern!"

Drei Dinge haben diesen tiefen Fall herbeigeführt:

das Einheitsstreben Italiens, die Unangemessenheit einer weltlichen Herrschaft des Priesterthums, und seine innere Schwäche.

Die zersplitterten Völker wollen sich in unserer Zeit einigen. Italien konnte sich nicht vom „Kirchenstaat" in zwei Theile getrennt auseinander halten, es konnte auch nicht seine uralte Hauptstadt sich vorenthalten lassen. Ein „Kirchenstaat" aber wurde immermehr als ein Widerspruch erkannt, die im deutschen Reiche waren längst beseitigt, und der römische hatte sich längst als einer der schlechtest regierten Staaten bewährt. Das Papstthum hatte aber zugleich, im hartnäckigen Gegensatz zur fortschreitenden Zeit beharrend, an innerer Würde und Macht nach außen allzu stark verloren, als daß es durch sie dem Gange der Dinge hätte Widerstand leisten können. Der schließliche Sturz der weltlichen Herrschaft war eine unvermeidliche Sache.

In vergangenen Jahrtausenden der Menschengeschichte mag es heilsam gewesen sein, wenn das Priesterthum die Völker beherrschte, da wo außerhalb desselben nur noch Barbarei zu finden, wo es selbst dagegen Inhaber aller geistig-sittlichen Cultur war. Nun ist aber längst eine andre Cultur aufgekommen, welche neben Tempel und Kirche ihre Wege geht, sich auf Vernunft und Wissenschaft gründet und jene hinter sich gelassen hat. Auf ihr hat sich der neue Staat erbaut, und er muß sich darum nach seiner ganzen Natur immer mehr von der Herrschaft der Kirche losmachen: und nun gar ein eigentlicher

„Kirchenstaat" ist in unsrer Zeit zu einem Unding geworden. Die Kirche hat etwas dem wirklichen Leben Abgewendetes; wo sie herrscht, da hemmt sie es. Man könnte nun meinen, der Verlust der weltlichen Herrschaft sei für das Papstthum nur die Entbindung von einer ihm fremden Last, und da es durch dieselbe nur seinem wahren geistlichen Berufe rein zurückgegeben werde, so werde jener scheinbare Verlust in der That nur zu seiner Kräftigung gereichen. Man hat aber wenig von dieser Ansicht vernommen, und der Papst selbst und alle die Seinigen sehen die Sache im entgegengesetzten Lichte. Ja, stünde jetzt ein neuer Papst auf, legte die dreifache Krone ab, schüttelte den weltlichen Staub von seinen Füßen und spräche: „Mein Reich ist nicht von dieser Welt", „Ihr wißt, daß die weltlichen Fürsten herrschen und die Oberherren haben Gewalt; so soll es aber nicht sein unter uns", „Ich will nun in Wahrheit der Knecht der Knechte Gottes sein, wie ich mich bisher nur nannte, und lieber die Dornenkrone als die goldene tragen", so wäre das, als wirklich bewußter Entschluß, groß. Statt dessen aber wird das Papstthum wohl lange noch die Hoffnung festhalten, bei irgend welchen Ereignissen gewaltsam wieder in seine alte Herrschaft eingesetzt zu werden.

Wäre das Papstthum und die Kirche wirklich eine rein geistige Macht, so möchte es wohl anders damit sein. Sie sind es aber nie gewesen, sondern haben immer der Hälfte ihres Daseins nach auf weltlicher Gewalt beruht, mochten sie dieselbe mittelbar oder unmittelbar handhaben. Darum gerathen sie in's Schwanken, wo diese Stütze fällt, zumal in Zeiten, wo die innere auch schon morsch geworden ist. Verlust der äußern Macht ist für die Kirche ein unersetzlicher Verlust, wenn sie sich nicht zum fortgeschrittenen Geiste bekehren will.

Die weltliche Entthronung wird dann eine Probe für das Papstthum sein. Kann es ohne weltliche Herrschaft nicht bestehn, so zeigt es, daß auch die geistliche auf unsicherm Grunde ruht.

Wohl in Folge des Verlustes des größten Theiles der weltlichen Macht, und gegenüber der drohenden vollständigen Beraubung, ließ sich das Papstthum von einem zusammengerufenen allgemeinen Concil der gesammten katholischen Christenheit die Unfehlbarkeit zusprechen.

Es sollte dieß wohl ein Ersatz sein für den geschehenen und den weiter drohenden Verlust: was an weltlicher Macht verloren ging, sollte wohl an geistlicher wiedergewonnen und so jenem Verluste ein Gegengewicht gegeben werden. Und in der That, wenn es gelänge, diesen Glaubenssatz zur unbestrittenen Anerkennung zu bringen, so wäre dem sicher wirklich so. Ein unfehlbarer Gebieter in so weitem Bereich in Glaube und Sitte, das wäre ein Herrscher, wie es noch keinen gegeben hat. Aber freilich, der Glaube an einen solchen ist gegenwärtig noch viel weniger einzuführen, als ein Kirchenstaat zu erhalten ist. Im Gegentheil enthält die Aufstellung dieser Lehre eine Zumuthung, welche heutzutage kaum ernsthaft behandelt werden kann. Aber wir wissen, welche Eigenschaft unsterblich ist und gegen welche die Götter selbst vergebens kämpfen. Und darum müssen wir diese Lehre trotz Allem dennoch für staatsgefährlich halten. Daß die Staaten sie nicht ohne Weiteres als solche behandeln, hat wohl einzig darin seinen Grund, daß sie eben an die Kraft derselben in unsrer Zeit nicht glauben. Im Großen und Ganzen ist das richtig, wenn der Staat seine Schuldigkeit thut; im Einzelnen aber kann und wird dennoch jene Lehre manchen Stein des Anstoßes in den Weg werfen. Eine Anzahl von Menschen wird dennoch dadurch in Irrung gebracht, wie die Erfahrung schon hinreichend lehrt. Ein unfehlbarer Gewissensherr, der obendrein im Auslande wohnt, ist eine große Gefahr.

So lag es denn in der Natur der Sache, daß in Folge der Erklärung der päpstlichen Unfehlbarkeit im neuen deutschen Reiche Streitigkeiten und Reibungen mit der kirchlichen Hierarchie ausbrachen. Die Lehre der Unfehlbarkeit sollte auch unfehlbar verkündigt und des Staates Zustimmung nicht für nöthig erachtet werden. Gegen widerstrebende Geistliche und Lehrer wollte die Kirche mit unbedingter Machtvollkommenheit einschreiten. Der Staat nahm sich Dieser bescheiden an; die Kirche wollte ihm das Recht nicht zugestehen. So kam es zu einer Abrechnung

zwischen Kirche und Staat, welche jene auf rein geistliche
Dinge beschränken und der Oberhoheit des Staates unter=
werfen soll. Die staatsgefährdende Predigt ist dem Straf=
gesetz unterworfen worden. Der Kirche ist einstweilen die
Schulaufsicht wenigstens als Recht entzogen. Bannfluch
und kirchliche Verfolgung sind eingeschränkt. Der Staat
fordert die Bildung der Geistlichen auf den allgemeinen
öffentlichen Anstalten der Wissenschaft. Er droht, die Ehe=
schließung der Willkür der Kirche, die Schule dem Ein=
flusse derselben immer mehr zu entziehen, überhaupt die
Bevölkerung von ihrer Herrschaft zu befreien. Er hält
die Macht der Bischöfe in Zaun. Er giebt den Austritt
aus der Kirche frei, er nimmt die altkatholischen Ketzer
in Schutz, anstatt der Kirche gegen sie seinen Arm zu
leihen.

So ist es zum bittern Streite gekommen. Die Bischöfe,
mit dem Papste im Rücken, scheinen sich auf ihr altes Non
possumus, Wir können nicht, steifen zu wollen, und der
Staat setzt ihnen das seine entgegen. Das neue deutsche
Reich wird, hoffen wir, nicht schwach werden, sondern den
Erbfeind auf geistlichem Gebiete so gut niederwerfen, wie
es mit dem nationalen gethan hat. Er ist eben auch ein
nationaler und so hartnäckig und unversöhnlich wie dieser,
und wird ebenso seine Angriffe und Rachekriege wieder=
holen, so lange er kann. Nur die entschiedene Erfahrung
der Ueberlegenheit des deutschen Geistes, wie dort der
Waffen, wird ihn endlich zur Ruhe bringen können. Beide
nähren gleich starken Haß, und sie werden sich verbinden,

wenn es gilt, und thun es schon jetzt. Das gilt für Italien wie für Deutschland, und dazu für die Schweiz. Sie haben alle drei denselben Doppelfeind.

Der Protestant, und wohl auch der freisinnige Katholik, ist geneigt, über die päpstliche Unfehlbarkeit einfach zu lachen und zu spotten. Sie reizt nun allerdings stark genug dazu; aber die Sache ist damit doch nicht abgethan. Man mache sich nur klar, was diese Lehre eigentlich bedeuten will. Sie ist die höchste Vollendung des Katholicismus, des geistigen Autoritätsprincips, gegenüber der Selbständigkeit des Menschengeistes, welche das Princip der Neuzeit ist. Der Offenbarungsglaube erklärt den Menschengeist für unmündig, für blind, und unterwirft ihn einer angeblich von außerhalb, von oben, ihm mitgetheilten Lehre, die er niemals aufzufinden im Stande gewesen wäre, die er auch nicht begreifen oder gar beurtheilen könne, die er vielmehr nur gläubig aufzunehmen und der er ewig unverbrüchlichen Gehorsam zu leisten habe. Diese Offenbarung hat der Protestant in seiner Bibel; aber es ist ihm doch wenigstens die eigene Kenntnißnahme und Auslegung überlassen, die ihm doch thatsächlich eine gewisse Freiheit giebt. Der Katholik dagegen war von je mit seinem Glauben an seine Kirche verwiesen, an seine Geistlichkeit, welcher gegenüber er aller Selbständigkeit entbehrt. Und diese Unterwerfung hat nun in der neuen Lehre von der Unfehlbarkeit des Papstes ihre Vollendung erhalten, indem darin auf den einen Mann Alles übertragen ist, und die Kirche dadurch, alle noch mögliche Verschiedenheit ausschließend, zur geschlossenen Einheit gelangt.

Schon der Gedanke einer unfehlbaren Mutter=Kirche hat für den Menschen etwas Einschmeichelndes. Noch mehr aber hat das der Gedanke eines unfehlbaren heiligen Vaters in Rom. Ueberhaupt, ein heiliger Vater dort jenseit der Berge in weiter Ferne, in der altehrwürdigen Stadt, der alle seine Kinder liebt, sie segnet, für sie denkt, für sie betet, ihnen sagt, was sie zu glauben haben, sie bei Gott vertritt, — welch' schmeichelnde Vorstellung! Wie ist sie geeignet, so sicher zu machen, so zu beruhigen, so gemüthlich einzuschläfern! — Und doch, wie ist dagegen unser neues Leben auf einen ganz andern Boden gestellt, . auf die Selbständigkeit des Menschengeistes im Allgemeinen, Selbstheit des Einzelnen im Besondern. Wir erarbeiten uns die Wahrheit selbst, und verlassen uns allein auf die menschliche Einsicht. Und so wird auch an den einzelnen Menschen gegenwärtig immer mehr die Anforderung gestellt, bei aller Einordnung in das Ganze doch auch selbst etwas zu sein, selbst zu denken und selbst zu handeln. Das fordert ja sogar unser neues Kriegswesen von dem Soldaten, und darin liegt ja seine Kraft.

So ist der, in der Unfehlbarkeitslehre vollendete Katholicismus der schroffe Gegensatz zu dem ganzen Geiste der neuen Zeit. Auf diesem Geiste der Selbständigkeit aber beruht unsre Kraft und unser Gedeihen. Möge das auch der Staat ganz begreifen, und vor Allem die Jugend, die Hoffnung der Zukunft, vor dem einschläfernden und

erschlaffenden Glauben an geistliche Unfehlbarkeit bewah=
ren, welcher geradezu einer der gefährlichsten Feinde unsers
Staats= und ganzen Kulturlebens ist.

Doch nicht bloß in äußerm Streite mit dem Staate
liegt in unsern Tagen die Kirche; die Unfehlbarkeitslehre
hat auch in ihrem eignen Innern den Streit angefacht,
und der ist immer schlimmer, als Streit nach außen hin.
Die katholische Kirche hielt den innern Streit sich
bisher mehr fern; ihre geschlossene Hierarchie mit Papst
und Bischöfen an der Spitze, mit der unbeweibten Geist=
lichkeit, mit den abgesonderten Bildungsanstalten für sie,
machte ihr das möglich. Es war ziemlich still in der
Lehre, und alle Zwiespältigkeiten gediehen niemals weit.
Da auf einmal werfen Papst und Jesuiten den Zank=
apfel der Unfehlbarkeitslehre hinein, den Funken, der in
die Tiefe fällt und dort weiterfrißt.

Man war ja im katholischen Volke gewohnt, an eine
Fehlbarkeit des Papstes nicht zu denken. Warum mußte
man die Frage darnach durch ausdrückliche Aufwerfung
der Unfehlbarkeitslehre hervorrufen und so einen Riß in
die Kirche bringen? Stand denn Alles so sicher in ihr,
lag denn Alles so fest in den Banden unbedingter Gläu=
bigkeit, daß man an Widerspruch gar nicht denken konnte?
War denn eine Nothwendigkeit da, Alles auf's Spiel zu
setzen? Die Jesuiten gelten sonst für so kluge Leute; da
haben sie aber dennoch wohl einen dummen Streich ge=

macht. Der mächtig gewordenen Wahrheit hartnäckig zu widerstreben oder sie gar, wie hier, dreist herauszufordern, ist immer dumm.

Die katholische Christenheit war ja gewöhnt, die Kirche für unfehlbar anzusehn oder wenigstens darüber weiter nicht zu denken. Nun aber soll diese Unfehlbarkeit auf einmal auf den Einen Mann übertragen werden. In unsrer Zeit noch den Menschen einen solchen Glauben zuzumuthen, das ist eine Dreistigkeit, die alles Maaß überschreitet. Die es unternehmen, können sich über die Zeit nur in tiefer Unwissenheit befinden. Daß man diese Lehre vielerorten dumpf hinnimmt, auch hie und da sich dafür erhitzt, das löscht das glimmende Feuer nicht aus, welches dadurch innen und außen angezündet ist. Die Welt ist von Neuem recht stark daran erinnert worden, daß die Anmaßung des Papstthums, der angeblichen Statthalterschaft Gottes und Jesu Christi auf Erden, bis an den Himmel reicht.

Eine ziemlich zahlreiche Partei von, besonders deutschen Bischöfen, widerstand auf dem Concil zu Rom bis zum letzten Augenblick der Unfehlbarkeitslehre, aber sie wurde durch willkürliche und gewaltsame Maßregeln zum Schweigen gebracht. Man hoffte von ihnen Ausharren bei ihrer Ueberzeugung, aber siehe da, nach der Rückkehr in die Heimath unterwarf sich einer nach dem andern der Lehre, die er zuvor mit allen ihm zu Gebote stehenden Mitteln bestritten hatte. Nur ein kleines Häuflein von Gelehrten beharrte bei seinem Widerspruch, und um dasselbe sammelte sich ein ebenfalls kleines Häuflein von Laien, welche ihrer Ueberzeugung treu bleiben wollten. Sie nannten sich „Altkatholiken" gegenüber der Lehre von der päpstlichen Unfehlbarkeit als einer Neuerung.

Was trieb jene Bischöfe zur Unterwerfung unter eine Lehre, welche sie vor aller Welt laut als falsch und verderblich bezeichnet hatten? Man kann den Grund in niedrigem Eigennutz finden, indem es schwer sein mag, einen Bischofsstuhl aufzugeben, der doch wirklich auf dem Spiele stand. Das mögen eher Solche beurtheilen, welche diese Herren persönlich kennen. Aber es könnte auch sein, daß sie schließlich davor erschrocken wären, einen Riß in die Kirche zu bringen. Der Riß ist freilich doch gekommen, aber durch ihr Beharren im Widerspruch wäre er größer geworden. Das Ansehen dieser Zahl von Bischöfen hätte wohl ohne Zweifel den größten Theil der Bevölkerung mit fortgerissen, während die Unterwerfung derselben nun den größten Theil zurückgehalten hat.

Diese Ausdehnung des Risses ist also verhütet; aber dennoch hat die Kirche einen Schaden erlitten, welcher über die Abtrennung der Altkatholiken hinausgeht. Der innere Widerspruch reicht nothwendig weiter, wenn er auch nicht laut wird. Und das Ansehen der Bischöfe muß ja nothwendig stark geschädigt sein. Erst einer Lehre heftigen Widerspruch entgegensetzen, dann sich ihr unterwerfen, und nun die verfolgen, welche den Widerspruch fortsetzen, — das kann nicht Vertrauen und Achtung erzeugen. Die früher verehrte Unfehlbarkeit der Oberhirten ist nun erst recht geschädigt, und das Selbstdenken gereizt. Und dazu der Verlust an Vorrechten dem Staate gegenüber, der eben auch durch die Unfehlbarkeitslehre gereizt und geweckt wurde, den Uebergriffen der Kirche eine Grenze zu setzen.

Alle Welt fragt, wie sich nun die Sache weiter entwickeln werde. Der Altkatholicismus schreitet nur langsam vorwärts; sein bester Fortschritt ist wohl, daß er neuerlich auch in der Schweiz laut wird. Hier tritt auch mancher Orten die Staatsgewalt für ihn ein, indem sie ohne Scheu und Bedenken die widerstrebende Geistlichkeit, Hoch und Nieder, von ihren Stellen entfernt. Der Altkatholicismus sucht für's Erste sich nur zu verbreiten. Wird er später auch mehr in die Tiefe gehn?

Bei der blosen Abweisung der päpstlichen Unfehlbarkeit wird es doch schließlich nicht sein Bewenden haben können. Das wäre zu wenig. Aber es schließt ja auch schon mehr in sich. Man trennt sich ja dadurch schon überhaupt von dem Papste, der einer unerhörten Anmaßung bezüchtigt wird. Und man sagt sich los von dem allgemeinen Concil, das ja doch in seiner Mehrheit die Unfehlbarkeit beschlossen hat, und von den eigenen Bischöfen, die sich ja unterworfen haben. Man sagt sich mit Einem Worte los überhaupt von der kirchlichen Autorität und stellt sich auf das eigene Urtheil. Die Altkatholiken sind Protestanten, denn sie protestiren gegen Papst, Concil und Bischöfe, wenn sie auch nicht Lutherische oder Zwinglische sind, und wenn sie sich auch nicht so nennen. Sie sind auch keine Reformirten, aber sie werden den Reformen doch nicht entgehen.

Ursprünglich ist der Altkatholicismus nur der Widerstand gegen die Unfehlbarkeitslehre, bald aber trat die Rede von nothwendigen Reformen hinzu. Kaum jemand wohl im Kreise hat dieser Forderung grundsätzlich widersprochen, aber noch nirgends, scheint es, hat man die Hand an die Ausführung gelegt. Man ist offenbar zaghaft, es zu thun, denn verschieden sind die Ansichten über Maaß und Art und Weise, über die Zeit, über Zögerung oder Eile. Mit kirchlichen Reformen anfangen, kann man heutzutage an jedem Punkte: wo man aber aufhören solle und aufhören werde, das ist schwer zu sagen. Werden die Geister gerufen, so sind sie schwer wieder zu bannen, „der Wind wehet, wo er will, und man weiß nicht, woher er kommt und wohin er fährt". Es soll doch eine katholische Kirche bleiben; und die könnte gar über den Reformen verloren gehn. Und dann sollen auch möglichst Viele mitgehn und die bisherigen Genossen nicht wieder abgestoßen werden. Deßhalb muß man mit dem Reformiren vorsichtg und mit Maaß verfahren. Man ging ja ursprünglich hierauf gar nicht aus; man wollte ja nur das Alte erhalten, nur die neue Lehre nicht aufkommen lassen, man wollte „altkatholisch" sein. Aber mit diesem Widerstande gegen das Neue verlor man das ächteste Altkatholische, die einfach gläubige Unterwerfung. Jetzt hat man sich gegen Papst und Concil in Widerstand gesetzt, und ist dadurch in Wahrheit in einen Neukatholicismus gerathen, den man doch eben vermeiden wollte.

Der Name „Altkatholisch" möchte verhängnißvoll werden. Er sollte die, welche keine Neuerung wollten, zur Zurückweisung der päpstlichen Unfehlbarkeit als einer solchen bestimmen. Aber gerade diese fühlen wohl großentheils, daß der Protest gegen Papst und Concil eine viel stärkere Neuerung wäre, als jene Lehre, deren Neuheit doch im Grunde nur in ihrer ausdrücklichen Formulirung und Feststellung zu liegen scheint. Und nun gar „Reformen", — die sind doch gewiß nicht „altkatholisch". Führt man Reformen ein, so wird dieser Name damit offen zu schanden; thut man es nicht, so bleibt er des unkatholischen Protestes wegen dennoch unzutreffend, und dieser Protest gegen das neue Dogma ist zu wenig, als daß er der Sache Leben geben könnte.

Welche Reformen aber würden vor Allem nöthig sein, wenn die Altkatholiken überhaupt ihre Bahn beschreiten wollten? Unbedingt müßten doch diejenigen nachgeholt werden, welche der Protestantismus schon vor drei Jahrhunderten vollzogen hat, und so würde man doch auf wesentlich denselben Boden mit ihm gerathen.

Vor Allem wäre doch wohl der Greuel des Cölibats, der Ehelosigkeit der Priester, abzuwerfen. Ein Heer junger und alter Junggesellen regiert die katholische Kirche. Diese Junggesellen, großentheils Jünglinge oder junge Männer, nennen sich Patres, Väter, sie, die nie Väter werden dürfen, und sollen und müssen die Väter spielen gegenüber Alt und Jung, Mann und Weib in der Gemeinde, gegenüber den Jungfrauen derselben, deren manche sie lieber als Gattin heimführen würden. Denen gegenüber müssen sie die Miene annehmen, als wären sie gar keine Männer, keine Menschen von Fleisch und Blut, sondern nur blutlose Schatten. Und in der Beichte gar sollen sie diesen Jungfrauen ihre Liebesgedanken und Liebesverkettungen abhören und abfragen, und ebenso den Frauen die Ereignisse und Geheimnisse ihrer Ehe und ihres Hauses. Darin sollen sie dieselben belehren, ermahnen, zurechtweisen, sie, die keinerlei Erfahrung darin haben dürfen, denen jeder Gedanke an Liebe und Ehe verboten ist und in der That nur verderblich und verwirrend sein kann.

In Wahrheit, etwas Unnatürlicheres und Widersinnigeres kann es wohl nicht geben, als dieses Priestercölibat in Verbindung mit den priesterlichen Pflichten in Kirche und Gemeinde; und das ist ein Punkt, wo selbst der Staat einschreiten sollte, der solch verderbliche Unnatur nicht dulden dürfte. Wie verderblich aber diese Unnatur einwirkt, weiß jeder Kundige und kann jeder Denkende schon aus der Natur des Verhältnisses auch ohne Erfahrung entnehmen. Daß die so unterdrückte leibliche und geistige Natur sich leiblich und geistig rächen und vielerlei verborgene Verwüstungen anrichten muß, ist von selbst klar; und daß sie auch nach außen hin auf die

Gemeinden mannichfach übel wirkt, kann auch nicht ausbleiben, ist auch überdem hinlänglich bekannt.

Und das Recht? Zur Ehelosigkeit zwingen ist ein Verbrechen. Daß ja aber kein Zwang obwalte, indem niemand gezwungen sei, geistlich zu werden, dieser Einwurf wird doch wohl sogleich als leer erkannt, wenn man daran denkt, daß schon der Knabe dazu sich bestimmt oder bestimmt wird, und wenn man weiß, daß es auch moralischen Zwang giebt. Und dann die Klöster! Der Staat sollte die Jugend dagegen in Schutz nehmen, und Gelübde und Zwang zur Unnatur in jedem Falle für unverbindlich und unberechtigt erklären. Das müßte der Staat sowohl um des Rechtes des Einzelnen, als um des Wohles der Gemeinde, um der Volkssittlichkeit willen thun.

Warum hält denn Rom das Priestercölibat so fest, und warum hat es dasselbe eingeführt? Weil eine unbeweibte und kinderlose Priesterschaft eine allzeit treue Garde für den auch unbeweibten und kinderlosen Mann in Rom ist, welcher ebenfalls die Vaterschaft, ja die Heiligkeit und Unfehlbarkeit für sich in Anspruch nimmt und vor dem die ganze Erde die Knie beugen soll. Kann der Staat diesen Zustand begünstigen? Muß er nicht vielmehr wünschen, daß der Priester auch wahrhaft fest im staatlichen Boden wurzle? Und das geschieht allein durch Weib und Kind.

Sagt man aber, die Ehelosigkeit des Geistlichen habe den Zweck, ihn ganz der Gemeinde zu eigen zu machen, ihn zu befähigen, eben der Vater der Gemeinde zu sein, so ist nach dem Vorigen zu erwiedern, daß nur ein Greis das sein kann, aber nicht ein Mann, dem das wirkliche Vaterverhältniß gewaltsam vorenthalten wird. Das sind Ideale wider Natur und Wirklichkeit, deren Verletzung nicht ungestraft bleibt.

Eine weitere Reform müßte die Beseitigung der Ohrenbeichte sein. Sie geht darauf aus, den Menschen lebenslänglich in Unmündigkeit zu erhalten, indem sich der Beichtiger durch sie in das Innere des Beichtkindes eingräbt, dessen Gewissen von sich, seinen Forschungen und Rathschlägen abhängig erhält, und so die Bildung einer selbstbewußten Sittlichkeit unmöglich macht. Welche Niederhaltung ist es für den Menschen, lebenslang so einem „geistlichen Vater" unterworfen sein zu sollen. Hat das Verhältniß hie und da für ganz rohe Naturen ein wenig Nutzen, so wiegt es das durch Darniederhalten Aller jedenfalls reichlich auf. Und die Einmischung in die Verhältnisse der Familien, wie wir sie zum Theil schon oben berührt haben! Wie können Gatten ihr Zusammenleben so dem Priester preisgeben, wie können Väter und Mütter gestatten, daß die Tochter noch einen solchen geistlichen Vater außerhalb des Hauses habe. Nur die alte Gewohnheit macht das möglich.

Und welch eine Moral wird vielfach in der Beichte gehandhabt? Die bekannte jesuitische Casuistik, ein kleinliches und spitzfindiges Rechnen und Markten zwischen Gut und Böse, ein Herummähren in dem Schmutz, der besser am Boden bliebe. Wer das nicht kennt, der lese und staune*). Und in Verbindung damit die Werkheiligkeit, welche die Moral in äußere, willkürliche, großentheils rein ceremoniale sogenannte gute Werke und Büßungen setzt, statt in die innere Gesinnung, die dann die wahrhaft guten Werke von selbst aus sich hervortreibt, wie das gute Korn die gute Pflanze. Diese Casuistik und Werkheiligkeit zu beseitigen, wäre eine fernere Aufgabe der Reform.

Und dann die Verehrung der Heiligen, welche so vielfach „wunderliche Heilige" sind, wie das Sprichwort sagt. Und die „wunderthätigen" Heiligenbilder, und die wunderthätigen Knochen, Röcke u. s. w., und die „Erscheinungen" der Heiligen und der Mutter Gottes an Hirtenkinder und kranke Mädchen, und die Wallfahrten zu dergleichen, und die Beschwörungen, Teufelsaustreibungen, mit Einem Worte, all der krasse Aberglaube, der noch so oft in Scene gesetzt wird. Doch wir wollen nicht weitergehn, sondern schweigen. Und wie ist es mit der Messe und der „Wandlung"?

In der That, man kann vor der Herkulesarbeit wohl zurückschrecken, die das ganze Gebäude leicht in Trümmer stürzen könnte. Wohin wird es führen, wenn diese Reformen unternommen werden, und wohin, wenn sie nicht

---

*) Die Moraltheologie des Jesuitenpaters Gury, als Lehrbuch am Priesterseminar des Bisthums Basel. Beleuchtet von Dr. A. Keller. Aarau 1869.

unternommen werden? Die große Reformation des sechs=
zehnten Jahrhunderts ward durch die Staatsgewalt ge=
ordnet; jetzt ist sie den Einzelnen und freier Vereinigung
überlassen. Wie wird es da um die Einigung stehn?
"Man weiß nicht, was noch werden mag", sagt der
Dichter; doch möchte unsre Zuversicht hier nicht so fest=
stehn, wie beim beginnenden Frühling.

Wenn wir nun aber weiter nach den gegenwärtigen
Zuständen der protestantischen Kirche fragen, so wird
nicht wohl irgend Jemand ihn als einen an sich erfreu=
lichen rühmen; vielmehr wird auch er von den verschieden=
sten Seiten und in verschiedenstem Sinne als ein sehr
unerfreulicher bezeichnet werden.

In der protestantischen Kirche — wenn wir ihre ver=
schiedenen Theile hier zusammenfassen — herrscht ja im
Allgemeinen äußerliche Ordnung und Ruhe: die Kirchen=
gebäude sind meist in ordentlichem Stand, das Kirchen=
vermögen wird wohl verwaltet, die Pfarrstellen werden
regelmäßig besetzt, die Gottesdienste vorschriftsmäßig ge=
halten, das Kirchenregiment befindet sich in eifriger Thätig=
keit. Das alles möchte wohl kaum jemals ordnungs=
mäßiger gehandhabt worden sein. In eigentlichen Streit
aber mit dem Staate kann die protestantische Kirche nicht
wohl gerathen, da sie von ihm regiert wird. Sind irgend
welche Anordnungen der Staatsgewalt einmal einem
Oberkirchenrathe oder Consistorium nicht ganz genehm,

so kann sich daraus doch kein ernstlicher Zwiespalt ent=
wickeln. Aber wie sieht es aus, wenn wir tiefer in das
Innere blicken?

Fast allgemein ist die Klage über Unkirchlichkeit.
An vielen Orten — je größer sie sind, desto mehr —
ist ein großer oder der größte Theil der Bewohner der
Kirche ganz entfremdet, besucht sie gar nicht mehr oder
äußerst selten, hängt mit ihr nur noch durch die gesetz=
lichen Akte bei Geburten, Trauungen, Begräbnissen, Con=
firmationen zusammen. Und die Gottesdienste sind matt,
Gesang wie Predigt; wo aber hie und da mehr Leben
zu sein scheint, da hat es einen Anstrich von Gewalt=
samkeit, gleicht es einem Flackerfeuer, das mit dem geist=
lichen Anzünder wieder erlischt. Die Sakramente zeigen
überwiegend nur eine gewohnheitsmäßige Uebung, und
werden von Vielen ganz verschmähet, soweit das Gesetz
nicht dazu zwingt: die Taufe ist eben erzwungene und
hergebrachte Form, Beichte und Abendmahl vernachlässigt
und geringgeschätzt. So findet es sich auch bei den großen
kirchlichen Festen. Kommt da auch Mancher einmal in
die Kirche, den man sonst das ganze Jahr nicht darin
sieht, so ist die kirchliche Bedeutung dieser Feste hinter
der alten natürlichen sehr zurückgetreten. Weihnachten ist
so überwiegend Winterfest und Fest der Liebe und Freund=
schaft in dem gegenseitigen Beschenken, besonders der Kin=
der, Ostern erstes, Himmelfahrt zweites, Pfingsten drittes
Frühlingsfest, der Johannistag Sommerfest, Kirchweih
Herbstfest, daß dabei an die kirchlich gegebene Bedeutung

von den Meisten kaum oder wirklich nicht gedacht wird. Man schmaust und tanzt an diesen Tagen, geht in's Freie, sieht sich die schöne Welt an oder pflegt der Gastlichkeit, wie man schon in alten Zeiten that, ehe die Kirche da war. Kein Tag wird weltlicher begangen als der, an welchem man die Kirchenweihe feiern will, sie ist das größte Schmaußfest im ganzen Jahre, und der Gottesdienst erscheint an diesem Tage fast wie ein Scherz. Das könnte nun noch als zu tragen und vielleicht gar als vorübergehend erscheinen, wenn es nur mit der Lehre, dem Nerv des Kirchenthums, besser stünde. Hier aber liegt der Grund des Uebels. Die protestantische Kirchenlehre ist in einer Weise zerrissen, daß kaum noch eine Spur der Einheit übrig ist. Ihre, bei der Stiftung festgestellte Grundlage ist die Bibel als unfehlbares Gotteswort. Wie verschieden aber wird sie in der Theologie, in Schriftthum und auf dem Lehrstuhl, angesehen und behandelt; ja selbst auf die Kanzel bringt diese Verschiedenheit immer mehr. Legte nicht das Kirchenregiment mit Hülfe der Staatsgewalt einen starken Hemmschuh an, so würde das in beiden Gebieten noch viel weiter gehn. Dennoch ist diese Zerklüftung der Lehre stark genug. Den Einen ist die Bibel noch eine göttliche und darum unbedingt wahre und heilige Schrift, von Anfang bis Ende Wort Gottes; Andre suchen nur das Wort Gottes in ihr; noch Andern ist sie einfach menschliches Buch vergangener Zeit, unserm Urtheil wie andre Bücher unterliegend. Den Einen ist die übernatürliche Geburt und die übernatürliche Auferstehung Jesu die Grundlage aller Wahrheit und Seligkeit, den Andern ist sie nur eine bedeutungsvolle Mythe. Die Einen wollen die alte Weltansicht, daß die Sonne mit den Sternen täglich einmal um die Erde herumlaufe und die Erde dagegen still stehe, sowie die Wunder der Bibel festhalten; die Andern erkennen die Ergebnisse der Himmels- und Naturforschung wenigstens in etwas an. Und zwischen den äußersten Gegensätzen bewegt sich überall und in allen Gestalten die Vermittlung geschäftig hin und her. So heftig ist der Streit, daß die Anhänger der alten Lehre den Neuerern sogar den Christennamen absprechen, während diese dagegen sich meist das allein ächte Christenthum zuschreiben. Beide pochen auf die Bibel, beide auf Christus, und doch scheiden sie sich wie Feuer und Wasser.

Doch so schroff tritt die Sache jetzt meist nicht an das Licht; das Feuer glimmt mehr unter der Asche und es ist an den meisten Orten noch besonders Asche fleißig darauf geworfen, um es zu verdecken und allmählig ganz zu ersticken. Die Bestrebungen, welche dahin gehn, sind nicht ganz ohne Erfolg gewesen. Die theologischen Lehrstühle auf den Universitäten sind zweckmäßig besetzt worden, die so erzogenen Jünglinge sind in die Pfarrstellen gerückt, das Kirchenregiment ist straffer gehandhabt worden. So hat man noch neuestens einen alten Geistlichen, der in freieren Tagen in sein Amt getreten war, abgesetzt, weil er, wenn auch nur in einer außerkirchlichen Versammlung, es gewagt, die jungfräuliche Geburt Jesu anzutasten und ihn für einen einfachen Menschensohn zu erklären. Man kann auf Augenblicke wähnen, man träume wohl, wenn man hört, im Jahre 1873, im „Staate der Intelligenz", in der Hauptstadt des neuen deutschen Reichs, der Hauptstadt des Volkes, das an der Spitze der Wissenschaft steht, da wo man jetzt die Anmaßungen der Kirche dem Staate gegenüber in ihre Schranken zurückzuweisen Anstalt gemacht hat, da sei jetzt ein alter, würdiger, stets besonders hochgeachteter, höchst gemäßigter Geistlicher seines Amtes entsetzt, weil er — Jesus für einen natürlich entstandenen Menschen hält, nicht an dessen „unbefleckte Empfängniß" glaubt, um es päpstlich auszudrücken. Und dabei kann sich jedermann überzeugen, daß sogar zwei Evangelien und Paulus von dieser jungfräulichen Geburt nichts wissen. Bei so mäßiger Abweichung hätte man den Schreiber dieser Blätter vor einem Vierteljahrhundert ruhig in seinem Predigtamte gelassen; das bezeugt er gern denen, die damals ihn entsetzten. Doch freilich, man muß ja wohl in allen Dingen vorwärts gehn. — Und gegen dieses Verbrechen ist eine Untersuchung von wohl Jahresdauer angestrengt, und nach langer reiflichster Berathung dieses Erkenntniß gefunden worden. Und das geschah gleich nach Wiederherstellung des deutschen Reichs, die nicht durch Gläubigkeit und Verleugnung der Wissenschaft, sondern durch Verstand, Vaterlandsliebe und männliche Thatkraft geschehen ist.

Die Sache ist eins von den Zeichen, wie es heutzutage in der Kirche, und namentlich in der protestantischen, steht. Sie ist noch eine protestantische, ja; aber ihr Protest ist weit weniger gegen das Papstthum, — das sie ja eher schmerzlich vermissen muß — als vielmehr gegen Vernunft und Wissenschaft gerichtet. Wenn auch der Form nach anders, doch dem Wesen nach ganz mit diesem Absetzungserkenntniß zusammentreffend ist die berühmte That des Pastors Knak, welche in diesen Jahren das Land in Erstaunen setzte. Er widersprach auf Grund des „Wortes Gottes" dem copernicanischen Sonnensystem, welches allerdings durchaus antibiblisch ist. Er behauptete der ganzen Wissenschaft der Himmelskunde und der ganzen irgend gebildeten Welt zum Trotz, die Erde stehe still und die Sonne laufe in Gesellschaft aller Sterne des Himmels täglich einmal um dieselbe herum, weil es die Bibel, wie die gesammte alte Zeit, so ansieht. Glaubensgenossen hat er hierin nur noch an den Wilden, aber was thut das, die Schrift darf doch nicht gebrochen werden. Doch findet sich hie und da einmal auch noch in deutschen Landen ein solcher Glaube. So bekannte sich, dem Schreiber dieser Blätter gegenüber, einst ein Professor der Theologie, aus demselben Grunde, öffentlich auch zum Glauben an den sprechenden Esel Bileams.

Es ist das alles im tiefsten Grunde nicht freudiger Glaube, wofür es wohl ausgegeben wird, sondern ein Verzweiflungsstreich. Diese Leute wissen, daß die Vernunft gleich die ganze Hand nimmt, wenn man ihr den Finger läßt. Wenn die stillstehende Sonne zu Gibeon und der redende Esel des Bileam Fabel oder Mythe sind, so könnte das ja auch mit anderm Inhalt der Bibel so sein. Sie denken: „Principiis obsta", „widerstehe den Anfängen". Und sie haben recht: wollen sie einmal Vernunft und Wissenschaft fern halten, so müssen sie so thun. Entweder — oder. Nach dieser Regel ist denn ohne Zweifel auch das Brandenburgische Consistorium dem Unglauben Sydow's gegenüber verfahren. Die jungfräuliche Geburt Jesu widerspricht ebenso wie das Knakſche Sonnensystem aller Wissenschaft unsrer Zeit und sogar unsrer Bibelkenntniß; die Wissenschaft darf aber nicht hereingelassen werden, weil sonst kein Ende abzusehen wäre. Und dem entgegen erklären sich zwar — zu ihrer Ehre sei's gesagt — einige Pastoren und einige Laien; die große Masse aber staunt nur und geht weiter. Warum thut sie es? Weil sie die Kirche doch für unheilbar hält. Rathlosigkeit ist der Grund.

Im tiefsten Grunde sind diese Dinge ganz dasselbe mit der päpstlichen Unfehlbarkeit und den bekannten Erlassen des Papstes an die Gläubigen in der letztvergangenen Zeit. Es soll der Kirchenbestand um jeden Preis erhalten werden; und dazu scheint es nothwendig, Wissenschaft und Bildung der Zeit einfach auszuschließen.

Steht es aber etwa besser in der Kirche des Orients, in Rußland, der europäischen und asiatischen Türkei, und Griechenland? Diese sitzen nun erst recht im vollen Schatten des Todes. Tiefer Aberglaube, keine Regung des Geistes, dennoch aber Zank und Eifersucht zwischen den Parteien, nur durch den Russen und Türken niedergehalten.

Von je macht die Kirche mancherlei Anstrengungen, sich zu erhalten, wiederherzustellen, zu verbreiten, welche Bestrebungen alle ineinander greifen. Außer dem, was wir eben besprochen, ist sie in mehrfacher Weise im Innern thätig gewesen. Katholische und protestantische Vereine, die letztern in verschiedenster Richtung, haben zu wirken gestrebt. Sie wollten den alten Bestand erhalten, oder sie wollten im Gegentheil mit Wissenschaft und Bildung der Zeit versöhnen. Sie beriethen unter sich, sie traten vor das Volk. Vertheilung von Bibeln und Traktätchen oder Verbreitung freisinniger Schriften und Blätter, innere Mission oder Volksversammlungen, alles ist angewendet worden und wird noch heute angewendet, ohne daß eine rechte dauernde Frucht zu ersehen wäre.

Man hat sich aber mit diesen Bestrebungen nicht auf das Innere beschränkt, sondern mit ganz besondrer Anstrengung auch die äußere Mission betrieben und thut es noch. In allen Welttheilen ist die Heidenmission thätig. Ebenso ist aber auch überall die Klage zu hören, daß sie wenig ausrichte. Es werden Wenige für das Christenthum gewonnen. An vielen Orten ist Jahrzehnte gearbeitet worden, und der Erfolg beschränkt sich auf einige einzelne Getaufte. Auch die wenigen Bekehrten werden meist mehr durch äußere Vortheile angezogen, als durch die Sache. Die Missionäre haben etwa auch Schulen, aber die Eltern schicken die Kinder nur wegen der Vortheile, die damit verbunden sind. Getaufte gehen oft von einer Kirche oder Sekte zur andern, und dann wieder zurück, eben des immer neuen Handgeldes wegen, das sie lockt. Hören Vortheile auf oder ziehn die alten Gewohnheiten an, so laufen die neuen Christen, von deren frommen Redensarten die Bekehrer erbaut waren, einfach davon und wissen nichts mehr von ihrer Bekehrung. Die Bekehrten sind sogar meist der Auswurf ihres Volkes und bleiben es auch. Sie geben sich eben ohne alle innere Verwandlung zur äußern Bekehrung her, weil die christlichen Missionäre Vortheile gewähren, die jene bei dem eigenen Volke nicht finden.

So sind die Erfolge der Missionsthätigkeit, wie ehrliche Arbeiter auf diesem Felde selbst erklären. Gebildetere unter den „Heiden" aber fragen gelegentlich, warum sie für ihre alten Fabeln neue annehmen sollten; Chinesen nennen Missionäre märchenerzählende Teufel; indische Braminen verwickeln sie in verfängliche Fragen und belächeln sie.

Eigentlich wilde Völker haben für christliche Lehren, vernünftige wie unvernünftige, durchaus keinen Sinn und Verständniß. Man sehe selbst die seit Jahrhunderten, durch Gewalt und Vortheil, bekehrten Uramerikaner an, was das für ein Christenthum ist, freilich ihrer Geistlichkeit ganz entsprechend. Die gebildeteren Völker Asiens aber wollen in ihren bessern Elementen von den Europäern Wissenschaft und Kunstfertigkeit, aber nicht Christenthum, gegen welches fanatische und beschränkte Missionare ihnen nur immer höhern Widerwillen einflößen.

Auch die Mission wird der Kirche nicht helfen. Sie erringt sich da draußen keinen Ersatz für das, was sie im Innern verliert, nicht der Zahl nach, und noch weniger dem Gehalte nach, in letzterer Beziehung sogar sicherlich nur das Gegentheil. Gewönne sie wirklich die „Heiden", so käme sie dadurch nur noch mehr herab, wie sie durch Bekehrung der amerikanischen Indianer sicherlich keinen innern Vortheil errungen hat.

In den ersten Jahrhunderten hat sich das Christenthum im damaligen Zerfalle unter die Mühseligen und Beladenen durch sich selbst verbreitet; später ist die Verbreitung überwiegend durch die Staatsgewalten geschehn. Beides ist jetzt vorüber. Es ist, als ob eine andre Geistesluft den Erdkreis erfüllte, in welcher das Christenthum nicht mehr gedeiht. In seiner bisherigen Heimath verkümmert es; in fremden Länderstrichen faßt es gar nicht Fuß, es findet überall für sich einen steinigen Boden. So kann die Kirche auch nicht auf Gewinnung neuer Völker ihre Hoffnung setzen. „Trostlos allerwärts", ist das Ergebniß jeder Umschau.

Blicken wir noch einmal zurück.

Der Streit der Kirche mit dem Staate ist trotz

Allem ihre geringste Noth. Dieser Streit trifft nur das hohe Priesterthum, dessen Glanz und Machtvollkommenheit, nicht die Kirche unmittelbar selbst. Die niedere Geistlichkeit hat sogar im Staate ihren Befreier zu sehn. Er will die Kirche nicht schädigen, sondern nur in ihre natürlichen Grenzen zurückweisen; will sie selbst diese Grenzen nicht überschreiten, so hat sie am Staate ja bis heute nur einen Beschützer und Förderer. So würde es sofort wieder mit der katholischen Kirche sein, wenn sie ihre Uebergriffe aufzugeben sich entschließen könnte, und so ist es ja immer mit der protestantischen Kirche gewesen, weil sie sich dem Staate stets gefügt hat.

Der Schaden und die Noth der Kirche liegt tiefer; er liegt in ihrem Innersten, in der Lehre und dem entsprechend im Glauben. Da ist sie vom Wurme des Zweifels, der Unsicherheit angefressen, da liegt der Grund ihres Verfalls, Lehre und Glaube sind untergraben und morsch in sich selbst.

Auch in der katholischen Kirche ist dieser Zustand im Verborgenen da, und er würde alsbald an's Licht treten, wenn der Druck von oben aufhörte. Offen zu Tage aber liegt er im Protestantismus. Der Rückschritt hat da eine neue Orthodoxie künstlich erzeugt, indem die Staatskirchenbehörde sie durch Berufungen und Entfernungen mit Fleiß und Ausdauer förderte. Eine künstlich gemachte Orthodoxie ist aber eins der widerwärtigsten und faulsten Dinge, die es geben kann. Die innere Unwahrheit ist ihr unvermeidlicher Charakter, denn sie kommt nicht aus dem Glauben, sondern aus Berechnung, mag diese eine gemein äußerliche oder eine mehr innerliche moralische sein; im besten Falle geht sie eben auf den vermeintlichen moralischen Nutzen, der aber doch, wo er wirklich sein soll, vor Allem der Wahrhaftigkeit bedarf. Man hält den Kirchenglauben nothwendig für das Volk; darum erzieht man sich in ihm eine Geistlichkeit, die ihn nun amtlich predigt. Das steht auf morschem Grunde, und das Beste im Menschen kommt dabei sicherlich zu kurz.

Dem Protestantismus gelingt es doch nicht, seine junge Geistlichkeit von Wissenschaft und Leben abzusperren, und selbst dem Katholicismus gelingt es mit seinen Seminarien und seinem Cölibat doch nicht ganz. Der Zweifel macht sich doch wieder geltend, oder gar der völlige Unglaube, und schleicht dann im Verborgenen, alle Wahrhaftigkeit zerfressend. Strenge, harte, hochmüthige Rechtgläubigkeit, oder vorsichtige, zweideutige Halbgläubigkeit und Ungläubigkeit; Anklage von dort und Vertheidigung von hier; beide gelegentlich nebeneinander an derselben Kirche und Gemeinde stehend. Es ist ein wirrer Zustand.

Und wie steht es in der Gemeinde? Natürlich dem entsprechend. Die denkende Anschauung der Dinge läßt sich nicht absperren und greift immer mehr um sich. Die Ergebnisse der Naturforschung dringen ein und die biblische Kritik verbreitet sich. Das überwiegende Ergebniß ist Gleichgültigkeit, hie und da Haß und Streit; die ernstlich Gläubigen sind bereits zu Sonderlingen, zur Secte geworden. In den Schulen wird die Orthodoxie noch neben der Wissenschaft gelehrt. Was kann das Ergebniß davon namentlich bei unsrer wissenschaftlichen Jugend sein? Gewohnheit, das, was als das Höchste gegeben wird, später, oder auch gleich, abzuwerfen, gelegentlich zu verlachen, Brechung des Idealismus, wenn er nicht von Seiten der wissenschaftlichen Lehrer auf festern Grund gebaut wird oder in der eigenen Anlage des Schülers selbst allzufest begründet ist.

Die Kirche gleicht einem wankenden Gebäude, das, und wär' es noch auf Jahrhunderte, durch allerlei künstliche Stützen und die Gewohnheit aufrecht erhalten wird. Es kann auf immer nicht so bleiben. Wir suchen zuvörderst nach einem Ausweg im Bereich der Kirche selbst.

2.

Die Bibel.

Die gegenwärtigen Kämpfe innerhalb der Kirche sind ein Ringen nach Freiheit und der Widerstand dagegen. Die „Altkatholiken" wollen sich dem Dogma von der Unfehlbarkeit des Papstes nicht unterwerfen, weil es die Vollendung der Geistesknechtschaft ist. Sie widersetzen sich dem Beschlusse des allgemeinen Concils, also der Kirche, welche durch Papst und Bischöfe spricht und dort den Papst für unfehlbar erklärt hat. Sie wollen also auch dieser hergebrachten Autorität sich nicht mehr unterwerfen, weil dieselbe etwas beschlossen hat, was wider ihre Ueberzeugung läuft. Sie wollen Freiheit und üben sie bereits mit diesem Widerstande, auch wenn sie's nicht wüßten. Und wenn sie gar bereits von Reformen sprechen, die sie ausführen wollen, so betreten sie ja entschieden diesen Boden.

Innerhalb der protestantischen Kirche ist es nicht anders. Der ganze innere Kampf ist ein Ringen nach Freiheit und ein Widerstand dagegen. Der Geist will sich nicht mehr in die alten Bande zwingen lassen, und diese wollen ihn nicht frei geben.

Manche meinen, es gebe innerhalb der Kirche durchaus keinen Weg zur Freiheit, keinerlei Anknüpfung für sie; man müsse eben erst geistig ganz aus ihrem Ideenkreise heraustreten, wenn man diesen Weg beschreiten wolle. Allerdings sind die Kirchenschranken eng und fest. Dennoch aber fehlt diese Anknüpfung nicht. Wir wollen sie aufsuchen.

Paulus ist der hervorragendste Vertreter der Freiheit des Geistes im neuen Testamente. Die vier ersten Briefe, welche seinen Namen tragen und deren Aechtheit allgemein anerkannt ist, geben uns davon Zeugniß.

Er sagt in seinem zweiten Briefe an die Korinther (3, 6. ff.): „Gott hat uns tüchtig gemacht zu Dienern des neuen Bundes, nicht des Buchstaben, sondern des Geistes, denn der Buchstabe tödtet, der Geist aber macht lebendig. — — So bedienen wir uns nun großer Freimüthigkeit, und nicht wie Mose eine Decke legte auf sein Angesicht, auf daß die Söhne Israels nicht schaueten das Ende des Vergänglichen. — — Der Herr ist der Geist; wo aber der Geist des Herrn ist, da ist Freiheit." — So spricht sich Paulus über seine Stellung aus, und so hält er sie überall in seinen Briefen fest.

Er macht also einen Unterschied zwischen „Buchstabe" und „Geist", will diesem dienen, aber nicht jenem, sondern stellt jenem die Freiheit des Geistes gegenüber.

Was ist nun aber das für ein Buchstabe, von dessen Dienste er sich lossagt? Es ist der des alten Testamentes, ja es ist das alte Testament selbst. Das neue war damals noch nicht vorhanden. Das Wort des griechischen Urtextes, welches wir hier mit „Buchstabe" übersetzen, muß an andern Orten gelegentlich auch mit „Schrift" übersetzt werden; es bedeutet überhaupt alles Geschriebene, alles in Schrift Niedergelegte, bezieht sich aber im Munde des Apostels allein auf die Schriften des alten Testaments, mit denen er es einzig zu thun hat. Er erklärt sich in seinem Widerspruche gegen den „Buchstaben" frei von den Satzungen des alten Testaments, als der Sammlung der alten heiligen Schriften seines Volks.

Sehen wir, wie er diese Freiheit übt.

In seinem Briefe an die Römer sagt er (7, 6) zu den christgläubig gewordenen Juden: „Jetzt aber sind wir erledigt vom Gesetz, in dem wir festgehalten waren, so daß wir dienen im neuen Wesen des Geistes, und nicht im alten des Buchstaben".

Paulus erklärt sich und alle Christgläubigen frei vom alttestamentlichen Gesetz, dem der Jude bis dahin streng unterworfen war. Das Gesetz wird in den Büchern Mose's oft genug für ewig gültig erklärt, und zwar nicht etwa bloß das Sittengesetz, sondern ganz ebenso das Ceremonialgesetz, Gesetze über gottesdienstliche und überhaupt religiöse Gebräuche, über Opfer, Feste, Reinigungen, Priesterkleidung und dergleichen: und es wird auf seine

Uebertretung, auch des Ceremonialgesetzes, an vielen Stellen Todesstrafe gesetzt. Dem entgegen also erklärt Paulus das Gesetz für aufgehoben. Er verwirft vor Allem die Beschneidung, die Sabbatsfeier, den Unterschied der Speisen, und zwar mit höchstem Feuer, indem er erklärt, daß, wer noch an diesen Dingen und überhaupt am Gesetz halte, an Christus keinen Theil habe. Der ganze Brief an die Galater ist dieser Freiheit vom Gesetz gewidmet.

Es war die jüdische Meinung, daß der Mensch einzig durch Beobachtung des ganzen mosaischen Gesetzes vor Gott gerecht werde, wie dieses Gesetz eben auch selbst lehrt. Paulus sagt im Gegentheil, durch die Werke des Gesetzes werde man nicht gerecht, sondern nur durch den Glauben an Jesus Christus. Das Gesetz sei nur für die Zeit bis zur Erscheinung Christi gegeben gewesen, nun aber habe es seine Gültigkeit verloren. Wahrhaft gerecht zu machen sei es nie im Stande, sondern es sei nur ein Zuchtmeister auf Christus hin gewesen; zur wahren Gerechtigkeit führe nur der Glaube an Christus, der nun von innen heraus zu allem Guten leite, als freie Liebe dazu.

Das war die große That des Paulus. Die zwölf Apostel hatten das nicht ausgesprochen und nicht erkannt; sie hatten vielmehr das Gesetz wesentlich unangetastet gelassen. Auch Jesus konnte demnach die Freiheit von demselben nicht ausgesprochen haben; er hatte sich vielleicht liberal in der Beobachtung erwiesen und ohne Zweifel die Innerlichkeit einer guten Gesinnung als das Wesen behandelt.

Auch in andrer Weise noch übt Paulus dem alten Testamente gegenüber seine Freiheit, und zwar in der Deutung desselben. Das sahen wir schon in der Stelle, von welcher wir hier ausgegangen sind, wo er sagt, daß er nicht wie Mose handle, welcher die Decke vor sein Angesicht gehängt habe, damit die Israeliten nicht das Ende des Vergänglichen hätten erkennen sollen. In der Stelle des zweiten Buches Mose aber (34, 29), auf welche Paulus hier anspielt, legt Mose die Decke auf sein, von der Unterredung mit Jehova glänzendes Angesicht, weil die Israeliten von diesem Glanze geblendet werden. So deutet der Apostel anderswo (1 Kor. 10, 1) das Ziehen der Israeliten unter der Wolkensäule und durch das Schilfmeer als eine Taufe auf Mose, das Manna in der Wüste und das Wasser aus dem Felsen auf Brod und Wein des Abendmahls, und den Felsen, aus welchem Mose das Wasser schlägt, als Christus, der ihnen durch die Wüste gefolgt sei. Anderswo (Gal. 4, 21) findet er, sehr stark gegen die Absicht jener Erzählung des ersten Buches Mose, in den beiden Söhnen Abrahams, Ismael und Isaak, in jenem den alten mosaischen, in diesem den neuen christlichen Bund. In dem mosaischen Verbote, dem dreschenden Ochsen das Maul nicht zu verbinden, findet er die Anweisung, dem Lehrer und Apostel seinen Unterhalt zu geben, weil Gott ja doch nicht für die Ochsen sorgen werde (1 Kor. 9, 9).

Das alles, und dergleichen mehr, zeugt wieder in andrer Beziehung von der freien Behandlung des alten Testaments, welche der Apostel sich erlaubt. Und das thut er nicht etwa bloß in bildernbem Sinne, sondern er nimmt das für wirklichen höhern Sinn und Meinung des alten Testaments, während der einfach wörtliche Sinn offenbar genug ist. Er legt seinen Sinn hinein in guter Meinung, aber doch auch wieder unmöglich ohne alles Bewußtsein, daß er ihn in freier Deutung darin finde, ihn mehr oder weniger hineinlege.

Wie frei-schöpferisch Paulus sich überhaupt verhält, zeigt sich nun besonders an seiner Anschauung und Lehre von Christo. Er hat sich in der That seinen Christus größtentheils selbst geschaffen. Er war kein Schüler Jesu gewesen, hatte sogar bekanntlich die Gemeinde der Gläubigen anfangs verfolgt, war nicht durch einen Apostel bekehrt worden, sondern diese Bekehrung war ein ganz freier Vorgang in ihm selbst gewesen, und auch nach ihr verkehrte er anfangs gar nicht, und später nur wenig mit den Aposteln: er hatte seine Kunde und Predigt von Christo durch „Offenbarung", durch den „Geist".

Ueber den dunkeln Hergang seiner Umwandlung spricht sich Paulus im zweiten Briefe an die Korinther (12, 1) dahin aus, er sei entrückt worden bis in den dritten Himmel, bis in das Paradies, und habe unaussprechliche Worte gehört, welche kein Mensch sagen könne. Ausführlicher aber spricht er darüber im Briefe an die Galater. Nachdem er denselben mit den Worten begonnen: „Paulus, Apostel, nicht von Menschen, noch durch einen Menschen, sondern durch Jesum Christum und Gott den Vater", fährt er weiterhin so fort: „Ich thue Euch aber kund, Brüder, daß das von mir verkündigte Evangelium nicht menschlich ist; denn ich habe es von keinem Menschen empfangen, noch gelernt, sondern durch Offenbarung Jesu Christi. Denn Ihr habt ja wohl gehört von meinem einstigen Verhalten im Judenthum, daß ich über die Maaßen die Gemeinde Gottes verfolgte und verstörte; und ich übertraf im Judenthum viele Altersgenossen in meinem Volke, indem ich ein heftiger Eiferer für meine väterlichen Ueberlieferungen war. Als es aber Gott gefiel, der mich ausgesondert von Mutterleibe an und berufen durch seine Gnade, seinen Sohn in mir zu offenbaren, damit ich ihn unter den Heiden verkündigte, vernahm ich mich nicht alsbald mit Fleisch und Blut, ging auch nicht hinauf nach Jerusalem zu denen, die vor mir Apostel waren, sondern ging nach Arabien und kehrte wieder zurück nach Damaskus. Hierauf nach drei Jahren ging ich hinauf nach Jerusalem, um Petrus zu besuchen, und blieb funfzehn Tage bei ihm; einen andern aber von den Aposteln sah ich nicht, außer Jakobus, den Bruder des Herrn. Was ich Euch aber schreibe, siehe, bei Gott, ich lüge nicht! Hierauf kam ich in die Gegenden von Syrien und Cilicien; ich war aber unbekannt von Angesicht den Gemeinden Christi in Judäa, sondern sie hatten nur gehört: der uns ehemals verfolgte, verkündigt nun den Glauben, den er ehemals verstörte; und sie priesen über mich Gott. Hierauf nach vierzehn Jahren ging ich abermals hinauf nach Jerusalem mit Barnabas, und nahm auch den Titus mit; ich ging aber hinauf nach einer Offenbarung, und legte ihnen das Evangelium vor, das ich unter den Heiden verkünde, abgesondert aber den Angesehenen, damit ich nicht etwa vergeblich liefe oder gelaufen wäre."

So war er also erst drei Jahre nach seiner innern Bekehrung zum ersten Male mit einem Apostel, mit Petrus, zusammengetroffen, hatte nur mit ihm eigentlich verkehrt und von den andern Aposteln niemand als Jakobus zu sehen bekommen, war nach funfzehn Tagen wieder abgereist und erst nach einer Zwischenzeit von vierzehn Jahren wieder einmal nach Jerusalem gekommen, um das Evangelium, das er mit seinen Gehülfen unterdeß verkündigt hatte, mit dem der drei Säulenapostel zu vergleichen; und nachdem ihre Freiheit vom Gesetz dort von Andern scharf angegriffen worden war, sie aber fest widerstanden hatten, waren sie von jenen als Apostel unter den Heiden anerkannt worden.

In den vierzehn Tagen seines Aufenthalts bei Petrus wird dieser dem Paulus natürlich mancherlei Mittheilung über Jesus gemacht haben, wie wir das in Bezug auf das Abendmahl und die Auferstehung in seinen Briefen finden; aber sein eigentliches Lehrsystem über Christus, wie er es in denselben darlegt, ist dennoch sein eigenes Werk, und seine Behauptung, daß er sein Evangelium nicht von Menschen, sondern durch Offenbarung habe, hätte ja auch sonst keinen Sinn oder wäre Lüge. Paulus war zwar natürlich angeregt durch das, was er über Jesus erfahren hatte; aber er war ein schöpferischer Geist, und was dieser ihm eingab, das leitete er, wie auch die Propheten ihrerseits thaten, von Gott und Christus her.

Paulus erfuhr, trotz der nachträglichen Anerkennung durch die Säulenapostel selbst, von Seiten ihres Anhangs vielen Widerspruch und heftige Anfeindung, wovon seine Briefe Zeugniß geben und die sich auch nach seinem Tode noch lange fortsetzten. Man wollte ihn nicht als Apostel anerkennen, behandelte ihn als anmaßenden Eindringling, der sich selbst zum Apostel gemacht habe, und seine Lehre als eigene willkürliche Erfindung. Dennoch ist Er es gewesen, der den Heiden den Eingang in die Christengemeinde geöffnet hat, und ohne den diese eine jüdische Sekte geblieben wäre, sowie auch die christliche Lehre durch ihn eine Gestalt gewonnen hat, die sie ohne ihn nicht haben würde. Seine Lehre verschmolz später mit der der alten Apostel, und die Kirche hat seine Briefe in die Sammlung der neutestamentlichen Schriften aufgenommen, deren wohl geistvollster Theil sie sind.

Ein andres Zeugniß des freien Geistes jener ersten Zeiten haben wir im vierten Evangelium, welches anerkanntermaßen nicht vom Apostel Johannes, sondern von einem weit spätern Unbekannten etwa hundert Jahre nach Jesus geschrieben worden ist. Auch dieser hat sich seinen Christus selbst gebildet. Er hat die ältern Evangelien und die Briefe des Paulus gekannt; er hat also bei weitem mehr vorgefunden als dieser, — schriftliche ausführliche Mittheilungen, während Paulus nur verhältnißmäßig spärliche und flüchtige mündliche Mittheilungen kannte; — aber dennoch hat er ein neues Evangelium zu schreiben sich herausgenommen, und hat in demselben seinem Christus eine bedeutend andre Gestalt gegeben, als er in den ältern Evangelien hat, ihm namentlich frei geschaffene Reden in den Mund gelegt, welche in Form und Inhalt mit denen, welche er dort vorfand, fast keinerlei Aehnlichkeit haben. Er hat ihm eben seine eigenen Gedanken in den Mund gelegt, seine eigenen Gedanken über Christus zu Gedanken Christi selbst gemacht; und das kann er unmöglich anders als mit vollem Bewußtsein gethan haben. Er wollte gar nicht die Geschichte und die Reden Jesu von Nazareth erzählen und wiedergeben, sondern seine eigene speculativ=philosophisch=poetische Ansicht über ihn mittheilen, that es aber in geschichtlicher Form, die freilich Jeder, der Sinn für Geschichte und Wirklichkeit hat, sofort als Dichtung erkennt, wenn nicht hartnäckige Vorurtheile seinen Blick gefangen halten.

Seine Stellung in diesem Betracht spricht der vierte Evangelist an mehreren Orten aus. Er läßt Jesus (14, 16) die bekannten Worte sprechen: „Ich will den Vater bitten, und er wird euch einen andern Tröster geben, daß er bei euch bleibe ewiglich, den Geist der Wahrheit, welchen die Welt nicht kann empfangen." Und später (14, 25): "Das habe ich, bei euch weilend, euch gesagt. Der Tröster aber, der heilige Geist, welchen der Vater senden wird in meinem Namen, der wird euch Alles lehren, und euch an Alles erinnern, was ich euch gesagt habe." Und ferner (16, 12): "Noch Vieles habe ich euch zu sagen, aber ihr könnt es jetzt nicht tragen; wenn Jener aber kommt, der Geist der Wahrheit, so wird er euch in alle Wahrheit leiten." Und früher erzählt der Evangelist (7, 37): "Am letzten Tage des Festes aber, dem großen, stand Jesus, rief und sprach: „„So jemand dürstet, der komme zu mir und trinke! Wer an mich glaubt, aus deß Leibe werden, wie die Schrift sagt, Ströme lebendigen Wassers fließen."" Das sagte er aber von dem Geiste, welchen die an ihn Glaubenden empfangen sollten; denn noch war kein heiliger Geist, weil Christus noch nicht verherrlicht war."

So finden wir hier abermals, wie bei Paulus, den "Geist" als die Quelle aller Wahrheit, namentlich auch der Wahrheit über Christus. Auch der vierte Evangelist stellt sich auf ihn gegenüber dem Buchstaben, denn er hatte nicht allein, wie schon Paulus, den Buchstaben des alten Testaments, sondern nun auch schon den des neuen, den Paulus noch nicht hatte. Der Vierte hatte, wie schon bemerkt, die ältern Evangelien und die Briefe des Paulus vor sich, und wagte dennoch, ein viertes, ganz abweichendes Evangelium zu schreiben, ganz andre Reden, als er sie dort vorfand, Jesu in den Mund zu legen, überhaupt einen andern Christus zu componiren. Er geht in der Freiheit sichtlich noch weiter, als Paulus that, alles in Vollmacht des „Geistes". Ohne Zweifel war es gerade die Wahrnehmung der großen Verschiedenheiten zwischen den ältern Evangelien unter sich und gegen Paulus, was ihn die Unsicherheit der Geschichte Jesu erkennen ließ, und in weiterer Erkenntniß der Freiheit, welche jene alle sich genommen, ihn bewog, auch seinerseits frei und ideal sich seinen Christus selbst zu bilden, in dem guten Glauben, daß er die wahrhafte Bedeutung seiner Erscheinung gerade so am richtigsten auffasse und darstelle. „Haben wir Christum gekannt nach dem Fleisch, so kennen wir ihn doch jetzt nicht mehr", dachte er nach Paulus (2 Kor. 5, 16), und müssen ihn uns also rein nach dem Geiste vor Augen stellen. Er, der Meister, war ja nicht mehr da, man konnte von ihm keine unmittelbare Belehrung mehr empfangen, der man ja doch bei der Mangelhaftigkeit der geschrieben vorliegenden Berichte bedurfte. Da konnte man sich denn nur verlassen auf den „Geist", den Er den Seinen statt seiner selbst hinterlassen, und auf den auch schon Paulus eben sich verlassen hatte. Der Geist war der „Tröster", der „Belehrer", der Ermahner an seiner Statt, der „Erinnerer" an Alles, was er einst mündlich mitgetheilt. Und überdem hatte Er ja gewiß — davon zeugte die Mangelhaftigkeit der alten Evangelien — seinen Jüngern noch keineswegs Alles gesagt, was er überhaupt zu sagen hatte, weil sie es „noch nicht fassen konnten"; das sagte Er nun eben den Nachfolgern durch den ihnen zurückgelassenen Geist, der sie „in alle Wahrheit leiten" sollte. Dieser „heilige Geist" war ja sogar damals noch gar nicht gewesen, weil Jesus noch nicht verherrlicht, noch nicht verklärt war, sondern war erst nach dessen Hingange zum Vater von diesem gekommen, — erst die Spätern, und darunter der vierte Evangelist selbst, hatten ihn völlig erkannt und konnten ihn in voller geistiger Wahrheit darstellen. „Der Geist ist es, was lebendig macht; das Fleisch ist nichts nütze. Die Worte, die ich zu euch geredet habe, sind Geist und sind Leben", läßt er (6, 63) seinen Christus sprechen. So gab er also die so unsichere „fleischliche", leibliche Erscheinung preis, und hielt sich auch in Betreff seiner Worte an den „Geist" derselben, worin allein doch das wahre Leben sei. Und dieser Geist „wird nicht von sich selber reden, sondern nur was er hören wird, das wird er reden, und das Zukünftige wird er euch verkündigen" (16, 13), — sein Zeugniß wird also wesentlich wahr sein.

So ist im Wesentlichen der Gedankengang des Unbekannten gewesen, und von da aus hat er sich der großen Freiheit bedient, von der seine Schrift Zeugniß giebt. Und wenn er auch in geschichtlicher Hinsicht in Bezug auf Leben und Lehre Jesu noch weit hinter Paulus zurücksteht, so ist er demselben doch ebenbürtig im freien geistigen Schaffen, wenn auch wieder in ganz andrer Form.

Gehen wir vom vierten auf die ältern, die drei ersten Evangelien zurück, so tritt in ihnen das Element der Geistesfreiheit zwar nicht so unumwunden und grundsätzlich hervor, thatsächlich ist es aber dennoch auch in ihnen in nicht geringem Grade vorhanden. Das ist ja schon rein damit gegeben, daß diese Evangelien eben drei, und nicht eins sind, daß sie also die Geschichte und die Reden Jesu in drei verschiedenen Gestalten geben, während dieselben doch in Wahrheit nur Eine Gestalt gehabt haben können. Diese drei Evangelien stimmen bekanntlich dem größten Theile nach, und zwar sogar wörtlich, überein, weichen aber außerdem in ganzen Stücken und in einzelnen Zügen auch wieder bedeutend von einander ab: es sind freie Bearbeitungen gemeinsamer Grundlage, wie man sich nun auch das Verhältniß unter ihnen und die Reihenfolge ihrer Entstehung denken mag. So haben also die Verfasser Vorgefundenes frei nach ihrem Belieben behandelt, wie es eben zu ihren Ansichten und Absichten paßte; sie haben sich nicht gescheut, Erzählungen oder Reden wegzulassen, hinzuzuthun, umzustellen, umzuformen. Auch ihnen kam es nicht streng auf geschichtliche Wahrheit, sondern weit mehr auf ihre persönliche Anschauung von der Sache an, und die geschichtliche Wahrheit des Einzelnen stand ihnen nur in zweiter Linie; ja, sie scheueten sich nicht, Geschichten rein und bewußt zu erfinden und als wirkliche Vorgänge zu erzählen.

So haben z. B. das erste und das dritte Evangelium eine ausführliche Geburts- und Kindheitsgeschichte Jesu.

Nun haben aber dagegen die beiden andern nicht allein eine solche gar nicht, sondern jene haben auch ganz verschiedene, völlig von einander abweichende, die sich in keiner Weise mit einander in Einklang bringen lassen. Sie sind beide ganz freie Erfindungen der Evangelisten, gleichviel ob der letzten Verfasser dieser Evangelien oder Andrer vor ihnen. Ebenso verhält es sich mit dem Ausgange der Geschichte Jesu. Alle vier — denn wir können hier den Vierten mit hinzunehmen — erzählen die Kreuzigung Jesu und lassen denselben am Kreuze mehrfach sprechen, legen ihm aber meist ganz verschiedene Worte in den Mund. So erzählen sie auch alle vier seine Auferstehung und die Erscheinungen des Auferstandenen, aber ebenfalls von einander ganz abweichend, wozu hier noch kommt, daß auch noch die Apostelgeschichte und noch Paulus die letztere abermals wieder anders erzählen, so daß wir darüber sechs verschiedene Erzählungen haben. Die Himmelfahrt erzählen zwei, während die beiden andern nichts davon zu erzählen wissen, der eine ihn sogar ausdrücklich bei den Seinen auf der Erde bleiben läßt. Und dergleichen Verschiedenheiten finden sich auch in der Erzählung der Lebensumstände und der Reden Jesu sehr vielfach und oft sehr grell, wie z. B. die besonders augenfällige, daß aus der Bergpredigt des ersten Evangeliums im dritten eine weit kürzere und zu ganz andrer Zeit gehaltene Feldpredigt gemacht, viele Aussprüche jener aber in zerstreute Vorgänge eingereihet sind, wozu noch kommt, daß die Bergpredigt eben auch als solche, so gut wie die

Feldpredigt, nur freie Composition des Evangelisten sein kann. Genug, auch die drei ersten Evangelisten, — sie sind uns eben so unbekannt wie der vierte — haben sich bei Abfassung ihrer Schriften die größte Freiheit in Aufnahme und Verwerfung, in Umformung und Erfindung genommen, nur daß sie doch, unbedingt zwei von ihnen, im Unterschied vom vierten sich im Ganzen an ein Ueberkommenes gehalten, die Geschichte und Reden Jesu nicht, wie dieser that, von Grund aus umgestaltet haben.

Dem Wesen nach ganz ebenso verhält sich der Verfasser der Apostelgeschichte. Er will den Streit zwischen den Anhängern der alten Apostel, namentlich des Petrus, und denen des Paulus ausgleichen. Das ist der Zweck, dem er die geschichtliche Wahrheit in seiner Darstellung gänzlich unterordnet. Er erfindet Geschichten und Reden des Petrus und des Paulus und Andrer, welche die volle Uebereinstimmung Beider beweisen sollen, aber mit den Briefen des letztern in argem Widerspruche stehn. Es ist ihm gar nicht um die wirkliche Geschichte zu thun, sondern um die Aussöhnung der Parteien, welchem Zwecke er die Geschichte ohne Bedenken opfert. Wie wenig er solche Bedenken kennt, zeigt auch dem Laien der Umstand, daß er sich nicht einmal die Mühe nimmt, bei dreifacher Erzählung der Bekehrung des Paulus (Cap. 9. 22. 26) auch nur mit sich selbst in Uebereinstimmung zu bleiben, noch viel weniger natürlich mit diesem. Nur kurz berühren wollen wir noch, wie auch die übrigen neutestamentlichen Schriften alle mehr oder weniger solche Freiheit in Behandlung ihres Gegenstandes verrathen. Manche der Briefe, welche dem Paulus zugeschrieben sind, können unmöglich von ihm herrühren, wollen nur das Ansehn seines Namens für sich haben. Der Brief, der den Namen des Jakobus trägt, ist gegen Paulus gerichtet. Der Brief an die Hebräer ist wieder eine eigenthümliche Auffassung der Bedeutung Jesu. Die Offenbarung des Johannes ist durch und durch ein freier Flug der Phantasie in Bezug auf die Person Jesu und seine Zukunft.

Wir werfen noch einen Blick auf das alte Testament. Auch in diesem finden wir in ganz gleicher Weise die Freiheit der Verfasser als solcher bethätigt.

Wir gingen beim neuen Testamente aus von der Aufhebung des mosaischen Gesetzes durch Paulus, während es selbst sich doch für ewig gültig und seine Beobachtung für die Bedingung alles Heiles erklärt. Wir finden solchen Widerspruch gegen das Gesetz aber auch schon im alten Testamente selbst, und zwar in aller Schärfe.

Man schlage den Propheten Jesaia auf. Er sagt alsbald nach dem Eingange seines Buchs: „Höret Jehova's

Wort, ihr Sodomsfürsten, merket auf das Gesetz unsres Gottes, ihr Gomorravolk! Wozu mir die Menge eurer Opfer, spricht Jehova; ich bin satt der Brandopfer von Widdern und des Fettes der Mastkälber, und am Blute von Stieren und Lämmern und Böcken hab' ich keine Lust. Wenn ihr kommt, vor mir zu erscheinen, wer verlangt das von euch, daß ihr meine Vorhöfe zertretet? Bringt nicht mehr eitles Opfer! Rauchwerk ist mir ein Gräuel, Neumond und Ruhetag und Festversammlung; ich mag nicht Frevel und Feste. Eure Neumonde und eure Feste haßt meine Seele; sie sind mir zur Last; ich bin's zu tragen müde. Wenn ihr schon eure Hände ausbreitet, verhüll' ich meine Augen vor euch; und ob ihr viel betet, hör ich nicht: eure Hände sind voll Blut. Waschet euch, reiniget euch, schaffet eure bösen Werke mir aus den Augen, höret auf zu freveln! Lernet Gutes thun, trachtet nach Recht, leitet den Frevler, schaffet der Waise Recht, führet die Sache der Wittwe!" —

Wenn auch Jesaia das geschriebene Gesetz, wenigstens in jetzigem Umfange und jetziger Gestalt, noch nicht kannte, so waren doch zu seiner Zeit die Opfer und Versammlungen und Feste, gegen welche er eifert, schon im Gebrauch und wenigstens mündliches Gesetz, und stimmen wesentlich mit dem später niedergeschriebenen Gesetz überein. Meint man aber, wie herkömmlich, das geschriebene Gesetz hätte ihm schon ganz vorgelegen, so ist der Widerspruch dagegen in dieser Stelle nur um so stärker. So hätte ein Mann nicht geredet, wenn er die Ansprüche des Gesetzes anerkannt hätte. Er stellt denselben als das wahre „Gesetz Jehova's" hier entgegen die sittliche Reinigung und den sittlichen Wandel.

Weit schärfer aber noch ist der Widerspruch des Propheten Jeremia.

Er läßt Jehova zu Israel sprechen (7, 22.): „Ich habe zu euern Vätern nicht geredet, und ihnen nicht geboten, zur Zeit, da ich sie ausführte aus dem Lande Aegypten, in Betreff von Brandopfern und Schlachtopfern, sondern dieß gebot ich ihnen und sprach: Gehorchet meiner Stimme, so will ich euer Gott sein und ihr sollt mein Volk sein, und wandelt ganz in dem Wege, welchen ich euch gebieten werde, auf daß es euch wohlgehe." Kann man entschiedener ableugnen, was doch die Bücher Mose erzählen und immer wiederholen. Nach ihnen hat Jehova, zur Zeit des Auszugs aus Aegypten, über Brandopfer und Schlachtopfer, und ebenso über zahllose andre gottesdienstliche und sonstige religiöse Gebräuche, allerdings selbst und mit eigenem Munde zahllose Gebote gegeben, sie dringend eingeschärft, ihre Befolgung bei Todesstrafe angeordnet. Ohne Zweifel in Bezug hierauf sagt weiterhin (8, 8.) der Prophet zu Israel: „Wie mögt ihr sagen: Weise sind wir und das Gesetz Jehova's kennen wir! Fürwahr, zur Lüge macht es der Lügengriffel der Schreiber!" — — „Beide, Prophet und Priester, allesammt gehen sie mit Lügen um." Das sogenannte mosaische Gesetz war zu des Propheten Zeit noch nicht abgeschlossen, sondern wurde durch die Priester fortwährend noch ver-

4*

mehrt und erweitert. Insbesondre sorgten sie dafür, daß ihr Ceremonialgesetz, welches ihnen die Hauptsache war, immer ausführlicher hineinkäme, und legten dasselbe, um ihm volles Ansehn zu geben, dem Jehova selbst in den Mund. Dieß letztere erklärt er für Lüge, indem er nur das Sittengesetz auf Jehova selbst zurückgeführt haben will. Paulus mochte das ohngefähr eben so ansehn, wenn er das Gesetz für aufgehoben erklärte. So finden wir den Streit der innern Sittlichkeit gegen die äußerliche Gesetzesgerechtigkeit schon im alten Testamente.

Außer diesen prophetischen Aussprüchen finden sich auch noch andre Zeugnisse, wie frei dichtend und schaffend und umformend die Verfasser der Bücher des alten Testaments verfahren sind. Auch hier haben wir, wie im neuen Testamente in den verschiedenen Evangelien, verschiedene Behandlung desselben Gegenstandes in verschiedenen Büchern, namentlich laufen in Bezug auf das Gesetz nebeneinander auf der einen Seite die mittlern drei Bücher, auf der andern das fünfte Buch Mose, und in Bezug auf die Geschichte ebenso einerseits die Bücher Samuels und der Könige und andrerseits die Bücher der Chronik. Wir finden in beiden Fällen Abweichungen, also willkürliche Veränderungen nach gewissen Ansichten und zu gewissen Zwecken. In den Büchern Mose finden sich sogar die zehn Gebote in doppelter, ganz verschiedener Gestalt (2 Mos. 20, 1—17. 34, 11—26.), und ebenso weichen die wiederholten Aufführungen der Liste der zwölf Stämme nicht wenig vonein=

ander ab. Daß die Bücher Mose mit ihren Erzählungen noch entschiedener freie dichterische Schöpfungen sind als selbst das vierte Evangelium, leuchtet ebenfalls ein.

Auch in den Propheten waltet der „Geist", der „heilige Geist", der von Jehova kommt und ihnen alle Wahrheit eingiebt. Sie finden sich nicht irgend einem Buchstaben verpflichtet und verpflichten demselben niemand. So sind sie Vorläufer des Paulus. Jene Verpflichtung auf den Buchstaben kennt eben nur das „Gesetz" und die äußerliche Gesetzesgerechtigkeit.

So hat denn also Paulus gewagt, das alttestamentliche Gesetz, welches von sich selbst sagt, daß es unmittelbar von Gott und für ewige Zeiten gegeben, und daß seine Befolgung die Bedingung alles Heiles sei, und dessen Uebertretung es selbst mit Todesstrafe belegt, für aufgehoben zu erklären, und das Heil dagegen an den Glauben an Jesus zu knüpfen, der von den Vertretern jenes Gesetzes getödtet worden war. Und er hat die Lehre über diesen Christus nicht den von diesem selbst erwählten und belehrten Schülern und Aposteln nachgesprochen, sondern sie sich in seinem Geiste frei selbst gestaltet. Und so hat der Vierte sich die Freiheit genommen, das, was er schriftlich über Christus vorfand und was theils unmittelbar von Paulus, theils mittelbar von den Augen- und Ohrenzeugen herrührte, ganz frei von Grund aus umzugestalten. So haben auch die Bearbeiter der andern

Evangelien sich eine ähnliche, wenn auch mäßigere Freiheit genommen So haben auch die übrigen Schriftsteller des neuen Testaments sich an keinen Buchstaben gebunden. So haben schon die Propheten des alten Testaments sich dem Gesetze desselben gegenüber frei verhalten.

Und was war es, worauf sich diese alle stützten? Es war der „Geist", das eigene Denken, anknüpfend an das Gegebene, aber sich nicht von ihm beherrschen lassend, sondern in Selbstgewißheit gestaltend und schaffend. „Uns aber hat es Gott geoffenbart durch seinen Geist", sagt Paulus. Alle Offenbarung durch Gott oder durch Christus oder durch Jehova war doch eben Offenbarung durch den Geist, der in ihnen selbst redete. Und daß dieser nicht nur ein christlicher war, das wird dadurch bezeugt, daß er auch in den Propheten des alten Testamentes redete, die von Christus nichts wußten.

So ist denn die Bibel eine Sammlung von Schriften, welche die Freiheit des Geistes selbst in sich schließt.

Was ist denn nun aber dieser „Geist", der „heilige Geist", auf welchem diese Männer fußten. Seine „Freiheit" ist noch nicht Alles an ihm; sie ist nur ein Abweisen des Zwanges von außen her, aber noch nicht sein Gehalt, ohne welchen er hohl wäre. Er ist die Begeisterung für das Gute und Hohe gegen das Schlechte und Niedrige. Diese Begeisterung erfüllte den wahren Propheten, ja auch den Gesetzesmann, dem es damit ernstlich um die innere Heiligung zu thun war. Sie hatte Jesus erfüllt, sie erfüllte den Paulus und alle ächten Apostel und Evangelisten. Trotz sonstiger mannigfacher Verschiedenheit trafen sie doch hierin zusammen, und diese Begeisterung und das daraus kommende Menschenheil war ihnen der eigentliche tiefste Kern des Christus, an den sie glaubten. Was sie andres noch treiben konnte, war das Unwesentliche, dieß allein das Wesenhafte und Ewige. Auch jene Begeisterung kann in manchen Ansichten und Meinungen, selbst in manchem Thun fehlgreifen, bleibt aber doch die Grundlage alles Wahren und Aechten, und verbindet alle Guten miteinander, auch wo sie es selbst verkennen sollten. Sie alle zusammen durch alle Zeiten und Geschlechter bilden die große unsichtbare Gemeinde des Geistes.

So sind denn auch wir noch mit den biblischen Männern verbunden, so manche Dinge der Welt und des Lebens wir anders ansehn und angreifen. Ebenso wie sie, nehmen wir uns, wenn wir des guten Geistes sicher sind, die Freiheit, uns dem Buchstaben ihrer Schriften nicht zu unterwerfen, sondern auch selbst zu denken, zu prüfen, zu deuten, zu unterscheiden.

Nun hat aber die Kirche ein neues Gesetz geschaffen; sie hat an die Stelle des aufgehobenen alttestamentlichen Ceremonialgesetzes ein Glaubensgesetz gestellt. In der Urgemeinde bewegte der Geist sich frei, wie das neue Testament es lehrt und andre Schriften bestätigen; als aber die Kirche sich bildete, wurde ihr vor dieser Freiheit bange, sie vertraute nicht mehr auf den Geist, sondern legte ihm in einer neuen „Schrift", einem neuen Buchstaben, eine neue Fessel an. Wie das alttestamentliche Gesetz zum Juden sagt: „Thue das, so wirst du leben; wo nicht, so soll deine Seele ausgerottet werden aus ihrem Volke", so sagt dieses Gesetz der Kirche zum Christen: „Glaube das, so wirst du leben; wo nicht, so wirst du ewig verdammt und verloren sein."

Es beruht dieses Glaubensgesetz auf der kirchlichen Fiction, daß die biblischen und insbesondre die neutestamentlichen Bücher auf Grund einer übermenschlichen Offenbarung geschrieben, und daß diese Offenbarung mit der neutestamentlichen Sammlung nun abgeschlossen sei. Ursprünglich war auch diese Satzung nicht so hart; die katholische Kirche nahm eine fortgehende Offenbarung in sich selber an, beschränkte sie freilich wieder auf Bischöfe und Papst, und nun zuletzt gar auf den einen. Erst die protestantische Kirche nahm den Abschluß der Offenbarung mit der neutestamentlichen Sammlung in voller Härte an, welche sie freilich wieder durch Freigeben der Deutung, — durch die symbolischen Feststellungen indeß auch wieder beschränkt, — gemildert hat.

Die Beschränkung auf die „Schrift" und die Bannung des Geistes unter ihr Wort ist aber eine willkürliche Gewalt, die ihm angethan ist; sie stimmt nicht einmal mit diesem Worte selbst überein, wie wir im Vorigen gesehen haben. „Ich denke, ich habe auch den heiligen

Geist", sagt Paulus nicht allein von sich, sondern er spricht auch den Gläubigen den Geist zu. Dasselbe thut der vierte Evangelist, und thut die Apostelgeschichte. So müßte also die Christengemeinde später vom Geiste verlassen worden sein und dadurch ihren eigentlichen Charakter verloren haben, wenn sie unter das Wort der Bibel gebannt sein sollte. Sie muß sich im Gegentheil dasselbe Recht wahren, welches Paulus und der Vierte und die andern Evangelisten und der Verfasser der Offenbarung und die Propheten und überhaupt alle Schriftsteller alten und neuen Testaments geübt haben.

„Ihr seid theuer erkauft; werdet nicht der Menschen Knechte", sagt Paulus. Aber auch er selbst und all jene Schriftsteller waren Menschen, und Jesus war es auch. Und wir Neuesten sind seitdem noch theurer erkauft als Jene waren; denn es ist noch eine große reiche Anzahl von Zeugen der Wahrheit und von Märtyrern für sie hinzugekommen. „Wenn ihr noch unter dem Gesetz sein wollt, so ist Christus vergeblich gestorben", ruft Paulus Jenen zu. Auch für uns hätten die folgenden Märtyrer vergeblich gelitten und wären vergeblich gestorben, wenn wir das neue Gesetz sklavisch tragen wollten.

Durch All das ist denn der geistige Christ darauf hingewiesen, bei Paulus und den Andern allen nicht stehen zu bleiben, sondern selbst zu leben und selbst zu denken: und es zieht ihn dahin auch schon der eigene Geist, wenn er anders nicht eben von ihm verlassen ist. „Der Geistige richtet Alles, und wird von Nichts gerichtet", sagt

Paulus. Der wahrhaft Geistige will sich wohl vom Geiste selbst richten lassen, wo er auch redet; aber er will „die Geister unterscheiden", sei es auch, wo es wolle. Er huldigt überall dem Geiste der Wahrheit und alles Guten und dient ihm, nicht aber einem Buchstaben, wo er auch geschrieben stehe. Das alles, damit sein eigenes Leben erhöht und das Reich des Geistes überall gemehret werde.

Die Gebundenheit an den Buchstaben der Bibel wird einfach zum Unsinn; die Bibel selbst widerlegt ihre Unfehlbarkeit und verräth ihren menschlichen Charakter auf jeder Seite, vor Allem aber ohne eine Möglichkeit des Widerspruchs durch die parallelen Schriften des alten und neuen Testaments, namentlich durch die Vergleichung der vier Evangelien untereinander. Die sophistische Kunst der Erklärer ist zwar groß, aber an diesem Verhältnisse scheitert sie doch allzu sichtlich. Diese vier Evangelien neben einander sind wie dazu gemacht, vom Buchstaben zu befreien, und dennoch gelingt es ihnen nur in sehr geringem Grade. Geistesträgheit, Gewohnheit, schwaches Verlangen sich lieber auf einen zerbrochenen Rohrstab als auf die eigenen Füße zu verlassen, Pfaffenthum, halten auch am Unmöglichen fest, verblenden sich auch gegen Sonnenklarheit.

Durchmustern wir denn einmal das alte Testament in Bezug auf Glauben und Sittlichkeit.

Hat schon Paulus, wie wir sahen, sich gestattet, das in demselben als für ewige Zeiten von Gott unmittelbar selbst gegeben hingestellte Gesetz für nur vorübergehend gültig, für aufgehoben zu erklären, und außerdem, dabei erzählte Wunderereignisse ganz willkürlich poetisch zu deuten, dadurch also die göttliche Autorität des alten Testaments zu brechen, so gehen wir in seinen Fußtapfen nur weiter, wenn wir den ganzen Sinai mit seiner Gesetzesverkündigung unter Donner und Blitz als Dichtung erkennen.

Und so geht es uns dann folgerecht ebenso mit dem ganzen Gotte des alten Testaments, der die Welt in sechs Tagen schafft und am siebenten von seiner Arbeit ausruht und so den Sabbat heiligt, — der den Mann aus einem Erdenkloße, das Weib aus dessen Rippe macht, sie in den Garten Eden mit den zwei Wunderbäumen setzt, zwischen ihnen in der Abendkühle lustwandelt, sie dann austreibt, ihnen Kleider macht und anzieht, mit dem Mörder Kain redet, die Sündfluth in ihrem ganzen Verlaufe mit der Bergung der Familie Noah's und der Thiere der Erde anordnet, mit den Patriarchen verkehrt und bei Abraham zu Tische ist, mit Jakob ringt und ihn lahm schlägt, — der dann den Mose beruft, ihm in der Wüste begegnet und ihn tödten will, ihn mit dem Zauberstabe ausrüstet, die Plagen über Aegypten bringt, in der Nacht herumgeht und die erstgeborenen Söhne der Aegypter erschlägt, den Pharao mit seinem ganzen Heer im Schilfmeere ersäuft und die Israeliten trocknen Fußes hindurchführt, in der Wüste das Manna vom Himmel giebt und das Wasser aus dem Felsen, am Tage als Wolkensäule, in der Nacht als Feuersäule Israel voranzieht, als Wolkensäule in der Thür der Stiftshütte steht und mit Mose redet, auf dem Sinai die zehn Gebote mit eigner Hand auf zwei Steintafeln schreibt und diese dem Mose übergiebt, in Allem dem Mose wörtliche Weisungen ertheilt, ebenso den Josua bei Eroberung des Landes führt, das Wasser des Jordan sich vor Israel theilen, die Mauern Jericho's vor dem Schall der Posaunen zusammenstürzen, auf Josua's Wort zu Gibeon Sonne und Mond stillstehen, früher den Esel Bileam's reden läßt, — der dann mit Samuel in der Stiftshütte redet, den Saul erwählt und verwirft, den David an seine Stelle setzt, mit seiner Bundeslade zu den Philistern zieht und sie zurück begleitet, dem Salomo den Tempelbau befiehlt, dem Elia in der Wüste in Worten und in sanftem Säuseln sich offenbart, als Feuerflamme dessen Opfer verzehrt, den Propheten all ihre Worte eingiebt. Wir müssen einsehn, daß dieser alttestamentliche Gott in seinem ganzen Wesen und mit all seinem Thun eben ein Gebilde der religiösen Phantasie, eine Dichtung ist.

Und wie stehen wir zur alttestamentlichen Moral? — Der Apostel Paulus behauptet, daß „durch die Werke des Gesetzes niemand gerecht werde", obgleich doch dieses Gesetz selbst alle Gerechtigkeit ausdrücklich von seiner Befolgung abhängig macht, — daß man vielmehr gerecht werde nur „durch den Glauben an Jesum Christum", den „Herrn", welcher „der Geist ist". Im Dienste dieses Herrn mustern wir denn weiter das Gesetz, welches in weiterm Sinne die Bücher Mose, ja das ganze alte Testament umfaßt, nach der darin enthaltenen Gerechtigkeit oder Moral. Auch das alte Testament ist ja in der Kirchenlehre noch „Wort Gottes", und wer es noch so ansieht, wird ja nothwendig von dessen Moral stark beeinflußt werden müssen.

Nun sollen doch gewiß die Thaten Gottes unser Vorbild sein, denn in ihm denkt man sich alle Vollkommenheit in Weisheit, Güte und Macht, und „Ihr sollt vollkommen sein, wie euer Vater im Himmel vollkommen ist", sagt Jesus im Evangelium. Nun wohl! Sollen wir denn also wirklich etwa die Bevorzugung des listigen und betrügerischen Jakob vor dem geraden und braven Esau von Seiten Jehova's, — sollen wir dieß, daß Er den Mose in der Wüste tödten will, weil dessen kleiner Sohn das Zeichen des Judenthums noch nicht an sich trägt, — sollen wir die grauenvollen Plagen, die er über ganz Aegypten verhängt, weil der Pharao Israel nicht ziehen lassen will, — sollen wir dieß, daß er des Pharao's Herz selbst erst verstockt, um nachher „seine Macht an ihm beweisen zu können", — sollen wir sein nächtliches Tödten der Erstgebornen von Haus zu Haus, sein Ersäufen der Aegypter im Schilfmeere, die Niedermetzelung der fünftausend Israeliten auf sein Gebot wegen des goldenen Kalbes, das ihnen doch sogar der Hohepriester Aaron selbst gemacht, das Fressen seines Feuers unter den Israeliten wegen ihres Murrens gegen Mose, die Tödtung der Auskundschafter des gelobten Landes wegen ihres ungünstigen Berichtes, die Steinigung des armen Mannes, der am Sabbat Holz gelesen hatte, — sollen wir die maßlos barbarischen Niedermetzelungen der Bevölkerungen der Städte Kanaan's, der Männer, Weiber und Kinder, ja des Viehes, der theilweisen Zutheilungen der Jungfrauen aus denselben an die Sieger und die Priester, welche alle Josua nach der Erzählung auf Jehova's ausdrückliches Gebot vollzieht, — sollen wir den Zorn dieses Gottes über gelegentliche Verschonung in einzelnen Fällen, — sollen wir dieß, daß er die Männer erschlägt, welche in bester Meinung die vom Wagen fallende Bundeslade auffangen, weil sie es wagen, das Heiligthum zu berühren, und dieß, daß er 70,000 Bewohner Jerusalems durch die Pest vernichtet, um ihren König David für den angeblichen Frevel einer Zählung der waffenfähigen Mannschaft zu bestrafen, — sollen wir dieß alles, und vieles andere noch, wirklich für göttliche Thaten halten? —

Und doch werden sie immer noch für solche ausgegeben, denn das alte Testament ist ja immer noch „Wort Gottes". Immer noch gelten sie in der Predigt dafür, wenn sie dieselben nicht klug übergeht; immer noch darf der Prediger sie nicht als barbarische Greuel bezeichnen; immer noch werden sie unsrer Jugend als „große Thaten Gottes" mitgetheilt, immer noch den christlichen Gemeinden und Juden und Heiden mit dem

„unverkürzten und unverfälschten Gotteswort" in die Hand gegeben.

Ist das nicht ein Verbrechen an der Jugend und am Volk? Muß das nicht dazu beitragen, die Herzen hart und grausam zu erhalten und zu machen? Muß es nicht vorzugsweise den wilden und stupiden Glaubenshaß nähren, der noch heute eine Geißel der Völker ist? —

Gegen das alles verwahren wir uns im Namen des Geistes aller Wahrheit und alles Guten, welcher allein heilig ist. So lange man Solches noch glaubt, ist in der That „Christus vergeblich gestorben", und haben alle wahren Märtyrer vergeblich gelitten, — sind wir thörichten Galater „noch unter dem Gesetz", und unter viel Schlimmerem, als Paulus abgethan hat, — ist „noch kein heiliger Geist, weil Christus noch nicht verkläret" ist.

In demselben Geiste verkennen wir nicht, daß anderseits das alte Testament auch Gutes und Schönes enthält. Sobald wir ihm frei gegenüberstehn und es unserm Glauben nicht mehr aufgedrungen werden soll, stehen wir eben ganz anders zu ihm. Dann fühlen wir uns zu einer Verwahrung kaum veranlaßt, weil es selbstverständlich ist, daß wir seinen Vorstellungen und sittlichen Anschauungen nicht mehr unterliegen. Bücher der Vergangenheit sehen wir mit Ruhe an. Das alte Testament soll uns ja aber als „Gotteswort" noch zu einem Buche der Gegenwart, zu einem ewig gültigen Buche gemacht werden. Das zwingt uns, so lange es währt und so lange damit Volk und Jugend geschädigt wird, zu immer neuem Protest. Trotz Allem darin, was wir verwerfen müssen, erkennen wir im alten Testamente ein Streben nach Heiligung, nach Erhebung des Volkes Israel aus äußerm und innerm Schmutz, aus wildem und unsittlichem Götzendienst, aus leichtsinniger Genußsucht, aus selbstischer Engherzigkeit, wenn auch mitten darin nach dem Standpunkte von Volk und Zeit oft genug Dinge sich finden, die unsrer höhern und gebildeteren Sittlichkeit stark widerstreiten, ja oft unser sittliches Gefühl schwer beleidigen. Von dergleichen abgesehn sind die Erzählungen von den Vätern Israels schöne alte Dichtungen. Die Geschichte des Mose, mit dem Auszug aus Aegypten, dem Zuge durch die Wüste und der Gesetzgebung auf dem Sinai, ist bei allem Mangel an kunstgerechter Form ein großartiges national-religiöses, episches Gedicht. In den Erzählungen von den Richtern, von Samuel, Saul und David, Salomo, haben wir die ältesten Geschichten des Volkes Israel in Wahrheit und Dichtung anziehend vor uns. Die Psalmen enthalten viel Hochdichterisches, in den Sprüchen finden wir manches weise Wort. Vor Allen aber zwingen uns die großen Propheten mit ihrem erhabenen Eifer für die geistig-sittlich-politische Rettung ihres Volkes Hochachtung ab. Die beiden Jesaia insbesondre und Jeremia sind großartige Menschen. Die Betrachtung all dessen in frei unterscheidendem Geiste wird uns stets geistig nähren und erheben, sowie aller Rückblick auf große Geisteswerke der Vergangenheit.

Ebenso aber, wie über das alte, urtheilt der Geist in Freiheit auch über das neue Testament. Mancher möchte das alte Testament, wenn auch nicht in demselben Maaße, wie wir es oben gethan, dem Urtheil preisgeben, dagegen aber vielleicht nur um so fester das neue ungeschmälert aufrecht erhalten wollen. Haben aber, wie wir sahen, nicht schon die Verfasser der Evangelien und der Apostelgeschichte den größern oder kleinern Theil des neuen Testaments, der ihnen bereits vorlag, ganz frei nach ihren Ansichten und Zwecken behandelt und umgearbeitet? Sollen wir nicht, nur mit weniger Willkür als sie, ebenso handeln dürfen?

Und wenn wir nun auf Christus, sein Leben und seine Lehre verwiesen werden, — in welcher Gestalt sollen wir das dann annehmen, in der des Paulus oder der drei ersten Evangelien, oder des Vierten? Oder sollen wir uns verhalten wie Unkundige, die von Zeit zu Zeit ein Capitel lesen oder hören und nicht vergleichen, oder wie Kinder in der Schule über die Verschiedenheiten weggehn, ohne sie zu bemerken, in dem gemüthlichen Glauben, es gäbe zwar vier Evangelien, aber sie erzählten doch alle Dasselbe oder ergänzten sich nur auf das Beste? Oder sollen wir uns auch der falschberühmten Kunst gewisser Theologen befleißigen, welche alles auszugleichen verstehn für den, der nicht sieht?

Nun wollen Etliche, die Verschiedenheit anerkennend, die „reine Lehre Jesu" herausschälen, auch seine „Person" in festen Umrissen zeichnen, seine „Geschichte" oder sein „Leben" schreiben oder beschreiben, und daran sollen wir denn nun ein Sicheres und Festes haben. Soll nun seine „reine" Lehre die von den Zuthaten und Veränderungen der Evangelisten befreiete wirkliche Lehre sein, oder soll sie diese seine wirkliche Lehre, von zeitlichen und persönlichen Mängeln gereinigte, also in die Form unsres eigenen Denkens gebrachte sein? Es ist ursprünglich das Erste gemeint, wird aber unwillkürlich das Zweite daraus. Es ist noch niemand gelungen, das, was Jesus von dem, was ihm in den Mund gelegt wird, wirklich gesagt und gelehrt hat und was nicht, irgend widerspruchslos und umfassend festzustellen, und es wird ohne Zweifel auch niemals jemand gelingen. Eine wirkliche Lebensbeschreibung Jesu abzufassen, wird aber ebenso von niemand je geleistet werden. Der ganze, so tief ungeschichtliche Charakter der Berichte über Leben, Schicksale, Thaten und Reden Jesu macht das unmöglich, giebt der Unsicherheit und Willkür allzu viel Raum. Alle, die es versuchen, werden nur den Evangelisten wesentlich nachahmen, neue Evangelien schreiben nach eigener Ansicht und Natur. Das mag erbaulich sein für Viele, und es ist gegen solche Versuche nichts einzuwenden, nur ist zu wünschen, daß das Bewußtsein nicht verloren gehe, daß es eben nur Versuche seien. Nicht Leben und Lehre Jesu in wirklich geschichtlicher Form haben wir vor uns liegen, sondern nur die

Sammlung der Bücher des neuen Testaments mit, zwar
auf einem geschichtlichen Grunde ruhenden, aber nach ver=
schiedenen Betrachtungsweisen frei und oft sehr willkür=
lich abgefaßten und mannichfach umgestalteten, von ein=
ander stark abweichenden Auffassungen und Berichten. Wir
haben nicht die reine Lehre und das wirkliche Leben Jesu,
sondern das neue Testament.

Werden wir denn aber ohne Weiteres auf die „Schrift"
verwiesen, so können wir doch den Christus derselben, das
Wunderwesen, den von der Jungfrau geborenen Gottes=
sohn, — dessen Geburt durch einen Stern angekündigt
wird, welcher den die Geburtsstätte aufsuchenden Magiern
aus dem Morgenlande den Weg zeigt, der in seinem Leben
selbst fortwährend durch Wunderkräfte die Natur willkür=
lich beherrscht, auch die schwersten Krankheiten, angeborene
Blindheit und Taubstummheit, Lahmheit, Aussatz, durch
Wort oder bloßen Willen oder Berührung seines Kleides,
selbst in die Ferne, augenblicklich heilt, sogar Todte auf=
erweckt, tausende hungriger Menschen mit wenigem Brode
sättigt, aus Wasser Wein macht, auf dem Wasser geht,
den Sturm durch Drohen beschwichtigt, dem Fischer einen
reichen Fang in's Netz treibt, sogar die nöthige Münze
aus dem Maule des gefangenen Fisches nehmen läßt,
einen fruchtleeren Feigenbaum durch sein Wort verdorren
macht, — bei dessen martervollem Kreuzestode dann die

Sonne ihren Schein verliert, die Sterne vom Himmel fallen, die Erde bebt, die Felsen sich spalten, die Todten aufstehn und umherwandeln, der Vorhang im Tempel zerreißt — der dann vom vollen Tode unter ähnlichen Erscheinungen aufersteht, den Seinen bald als leiblicher Mensch, bald gespenstisch wiederholt erscheint, schließlich sichtbar auf einer Wolke gen Himmel fährt und dort sich zur Rechten des Vaters setzt, von wo er einst ebenso, freilich eigentlich alsbald darauf, mit den Engelschaaren wiederkommen wird, indem die Todten auferstehn und in Gemeinschaft mit den plötzlich verwandelten, noch lebenden Gläubigen ihm in der Luft entgegengerückt werden, worauf er denn über Lebendige und Todte Gericht halten, alle Gewalten sich unterwerfen und sein Reich gründen wird, — wir können diesen Wunderchristus und Gottessohn doch eben auch nur für religiöse Dichtung, für Mythe nehmen.

Gott tritt zwar hier, im Vergleich mit dem alten Testamente, hinter dem Gottmenschen Christus sehr zurück, doch ist ja alles Genannte im tiefsten Grunde sein Werk, und in dem Gotte, welcher durch den Geist einen Sohn mit einer Jungfrau zeugt, welcher ihn dann vom Himmel herab mit vernehmlicher Stimme auch ausdrücklich für seinen Sohn erklärt, der überhaupt im Himmel, von seinen Engeln und den Geistern der Seligen umgeben, thront, von da aus seine Engel auf die Erde sendet, um seine Befehle auszuführen, seinen Sohn zu unterstützen, den Menschen beizustehn oder ihnen Mittheilungen zu machen, — wir können in diesem Gotte ebenso, wie in dem ihm entgegenstehenden Teufel, welcher mit seinen bösen Engeln oder Unterteufeln vom Innern der Menschen Besitz ergreift und nur durch die göttliche Uebermacht des Gottessohnes ausgetrieben und in Schweine oder in die Wüste oder in die Unterwelt gebannt wird, auch sogar dem Gottessohne selbst erscheint und ihn zum Abfall von Gott zu verführen versucht, ihn endlich an's Kreuz bringt, aber durch seine Auferstehung jämmerlich geschlagen wird, — wir können in beiden doch eben auch wieder nur mythische Figuren erkennen, die zwar auch ihren Wahrheitsgehalt haben, wie alle solche Figuren, aber doch eben hier durchaus in der Form religiöser Dichtung auftreten. Und ebenso ist es mit dem heiligen Geiste als himmlischer Persönlichkeit, wenn er über die Jungfrau Maria kommt, auf Jesus in Gestalt einer Taube sich herabläßt, am Pfingsttage beim Beben des Hauses als ein gewaltiger Wind und in Gestalt von Feuerflammen auf die versammelten Jünger fällt und sie in allen möglichen fremden Sprachen reden macht, und dann hinfort durch Handauflegen allen Gläubiggewordenen mitgetheilt wird.

Die evangelische und Apostelgeschichte ist eben auch, unbeschadet ihrer geschichtlichen Grundlage, in ihrer neutestamentlichen Gestalt episch-religiöse Dichtung, das christliche Epos, wie vorzugsweise die mosaische Geschichte das jüdische Epos ist. Es ist theils bewußte, theils unbewußte Dichtung, theils aus der Gemeinde hervorgegangen, theils von Einzelnen geschaffen, überwiegend sinnvoll und großartig, und stets im Bewußtsein innerer Wahrheit bei aller selbstgeschaffenen Form. Der wesentliche und bleibende Gedankeninhalt der evangelischen Dichtung ist uns die Erlösung der Menschheit vom Schlechten und von der Furcht. Diese Erlösungskraft und Erlösungsthat ist in dem Christus persönlich gemacht, den ja Paulus schon als Begleiter Israels in der Wüste in dem wassergebenden Felsen angedeutet findet, und der in diesem Sinne ebenso durch alle Zeiten geht und uns stetsfort überall begleitet. Er lebt und leidet und stirbt für uns und nimmt unsre Sünden auf sich in Allen, welche Erlösungskraft und Erlösungsthat bewähren; und wir werden gerecht und seines Verdienstes theilhaftig durch den Glauben, durch Hingabe an ihn, durch Eingehen auf ihn. Und er steht auf von allem Tode, er ist durch keine Niederlage und kein Sterben zu bewältigen. So gründet er das Gottesreich, das Reich des Guten, das inwendig in uns ist, aber auch außer uns immer mehr Gestalt annimmt, und vor dem der Teufel, das Schlechte in der Menschenwelt, immer mehr zurückweichen muß.

Es soll selbstverständlich nicht gesagt sein, daß diese Gedanken in dieser Form in den Schöpfern des neuen Testaments gewesen wären, und diese sie mit Bewußtsein und Absicht, wie ein Dichter unsrer Zeit, in jene dichterische Form gegossen hätten. Sie waren ergriffen von den Geschichten ihrer Zeit, von der Erscheinung Jesu und

Allem was sich an dieselbe knüpfte sogleich und nachher, worin ein Stück dieser Erlösungs-Kraft und That, ein Stück dieser Weltgeschichte vor sich ging; und es kam ihnen das alles in der dichterisch-speculativen Form zum Bewußtsein, in der wir es von ihnen haben. Es war in ihnen nicht und wurde von ihnen nicht gegeben in der Form des Verstandes unsrer Zeit; diese erst zwingt es mit dem Gedanken und bringt es zu seiner Klarheit. Aller Inhalt davon ist doch die Mächtigkeit und Ewigkeit des Geistes.

Wie mit den Vorstellungen von Welt und Menschenleben, so ist es nun auch mit der Moral des neuen Testaments. Auch sie — können wir sagen — hat einen poetischen Charakter, wie es wegen ihres Zusammenhangs mit dem Ganzen nicht wohl anders sein kann. Sie hat darnach mehrfach eine Ueberschwänglichkeit, treibt sich, der übrigen Anschauung entsprechend, auf eine Spitze, welche über die Wirklichkeit des Lebens, in der allein sie sich bethätigen kann, hinausgeht. So ist es beispielsweise in der Bergpredigt mit der Mahnung zur Sorglosigkeit, wo die Vögel und die Blumen zum Muster aufgestellt sind, und mit der Mahnung zum Dulden des Unrechts gegenüber von Mißhandlung, Raub, Zwang und Ausnutzung. Auch solcherlei Mahnungen kann nur der Geist in seiner Freiheit auf ihre Verstandesform bringen und auf das Leben richtig anwenden, nicht der Buchstabendienst, der hier nur zu Thorheit und Unheil führen würde, wenn nicht die sich aufdrängende Wirklichkeit des Lebens ihn bräche und ausnahmsweise zur Vernunft brächte. So ist es auch mit manchem thatsächlichen Beispiel des neuen Testaments, wie mit dem Verhalten Jesu gegen seine Mutter bei Gelegenheit ihrer Anmeldung, als er zu seinen Jüngern redet, sowie bei Gelegenheit des Weinmangels auf der Hochzeit zu Kana, und dem Jünger gegenüber, der erst seinen Vater begraben will, mit der wunderbaren Tödtung des Ananias und der Sapphira in der Apostelgeschichte, und Anderem. Das unfreie Verhalten gegen derlei Erzählungen kann die Sittlichkeit nur schädigen. Da wird der Geist gebrochen dem Buchstaben zu Gunsten. Sonst erkennen wir an, daß das neue Testament eine erhabene Moral lehrt, unbeschadet dem, daß sie erst durch den Geist der freien Erkenntniß vielfach in die rechte Gestalt gebracht, dem wirklichen Leben angepaßt und für dasselbe vervollständigt werden muß. Auch hier tödtet der Buchstabe und macht nur der Geist lebendig.

Soviel Treffliches aber auch die Moral des neuen Testaments enthält, so kann sie uns doch schon darum nicht mehr genügen, weil sie sehr wichtige Verhältnisse unsers Lebens ganz oder doch nahezu unberücksichtigt läßt, keinesfalls aber irgend hinlänglich würdigt. Das sind namentlich Ehe, Erziehung, Arbeit, Staat, Wissenschaft, Kunst. Die Ehe wird nur geduldet, der ehelose Stand aber als der höhere angesehn. Jesus ist nicht verehelicht und Paulus ist es nicht; und daß die übrigen Apostel es sind, sieht der letztere nicht gerade mit günstigen Augen an. Die Ehe ist im neuen Testamente nur ein Zugeständniß an die Sinnlichkeit; nur von da aus wird ihre ordentliche und treue Führung gefordert. Daß die Ehe ein Grundverhältniß innerhalb der Menschheit sei, weiß das neue Testament nicht: daß es auch heute noch viele nicht wissen, ändert an dieser Ausstellung nichts. So wird auch die Erziehung nur nebenbei einmal erwähnt; ihre grundlegende Wichtigkeit für das Gedeihen der Menschheit und alles Guten in ihr ist eben auch dem neuen Testamente unbekannt. Die hohe Bedeutung der Arbeit, als der die schaffende Kraft des Menschen entfaltenden Thätigkeit, ist ebenfalls dort nicht erkannt; sie wird nur empfohlen, so weit das überhaupt geschieht, als nothwendiges Mittel, um redlich durch's Leben zu kommen. Der Staat bleibt ganz auf der Seite liegen: es wird einzig Gehorsam gegen die Obrigkeit verlangt, soweit nicht in höhern Dingen die Mahnung gilt, „Gott mehr zu gehorchen als den Menschen." Von der Arbeit am Staate und von der Vertretung desselben nach außen hin, ja vom Staate überhaupt fehlt auch der Begriff. So ist auch die Wissenschaft etwas Unbekanntes, ja das Wissen wird überhaupt gering geschätzt, nur göttliche Offenbarung und Glaube ist anerkannt. Von Kunst findet sich auch keine Ahnung.

Es soll damit ja dem neuen Testamente kein Vorwurf gemacht, sondern nur denen widersprochen werden, welche es auch für uns noch genügend finden wollen.

Es ist in einer ganz andern Zeit und in ganz andern Verhältnissen entstanden, als worin wir leben; und daraus folgt eben nothwendig seine Unzulänglichkeit. Jene andre Zeit brachte es eben auch mit sich, daß das neue Testament das irdisch=menschliche Leben aufgiebt, nur den Himmel oder eine ganz verwandelte Erde im Auge hat, das wirkliche Leben nur soweit noch anerkennt und berücksichtigt, als es eben nicht sofort abgeworfen werden kann. Ehe, Erziehung, Arbeit, Staat, Wissenschaft, Kunst sind eben nicht mehr der Mühe werth, weil sie im Himmel oder dem durch den wiederkehrenden Sohn Gottes auf Erden bald zu gründenden Gottesreiche keine Bedeutung und keine Stätte haben: ja demselben sogar großentheils nur im Wege stehen. Jetzt finden wir aber des Menschen Heimath und Aufgabe doch mindestens vor Allem auf der Erde, und wollen daß sich sein Dasein und seine Kraft in jenen Gebieten tüchtig und froh bethätige.

Noch einen Mangel hat für uns die neutestamentliche Moral: sie wird ganz vom Glauben abhängig gemacht, allein auf ihn gegründet, ja die Forderung des Glaubens ist selbst die erste Forderung der Moral. Wenn wir nun den Glauben überhaupt als die Hingabe an die höhere Lebensanschauung fassen, so können freilich auch wir noch damit nur übereinstimmen; im neuen Testamente ist es aber die bestimmte Gestalt desselben, welche er eben dort hat, welche bekennt, daß Jesus der Sohn Gottes und der einzige und ewige Weltheiland, daß er auferstan=

den sei und einst persönlich wiederkommen und sein Reich gründen werde. Wir setzen an die Stelle als Grundlage aller Moral den Glauben an die Hoheit des Geistes und an sein Reich.

Wenn Paulus die Gerechtigkeit aus dem Glauben und nicht aus den Werken für die allein wahre erklärt, so können wir das eben auch in jenem weiten Sinne, nicht aber in dem auf die neutestamentlichen Glaubensvorstellungen beschränkten anerkennen. Nur was aus dem innersten Geistesglauben kommt, ist wahrhaft sittliche That und Leben, nicht die bloß äußerliche Gesetzlichkeit; vom besondern Christenglauben aber sind Leben und That des Menschen und deren Würdigung nicht abhängig. Es liegt das in der Natur der Sache, und wird ebenso von der Erfahrung reichlich genug bestätigt.

Der „Geist" ist es denn, was uns mit altem und neuem Testamente verbunden hält, zugleich aber uns weiter gefördert und auf eigene Füße gestellt hat, so daß wir über beide hinaus sind und über beide richten. Was verbindet denn das neue Testament noch mit dem alten, obgleich es doch das Gesetz desselben aufhebt und von der Knechtschaft des äußerlichen Gehorsams zur innern Freiheit des Glaubens an Christus führt? Es ist eben diese Innerlichkeit, die freie Liebe zum Guten, die schon in den Propheten sich dagegen erhebt und auch sonst schon im Keime sich zeigt. Und was ist es, das wieder uns mit dem neuen Testamente verbunden hält, obgleich wir wieder vom Glaubensgesetze desselben uns losgemacht haben?

Es ist wieder dieselbe Innerlichkeit, dieselbe freie Liebe zum Guten, dasselbe Vertrauen zu seiner Macht, dieselbe Hingabe, derselbe Idealismus, — es ist derselbe Glaube an das Gute, können wir sagen. Fand Paulus, und mit ihm sämmtliche neutestamentliche Schriftsteller, die alttestamentliche Form nicht mehr nöthig und nicht mehr wahr, so verhalten wir uns ebenso zur neutestamentlichen Form. Auch wir sind Diener des Geistes und nicht des Buchstaben, auch nicht dessen, den Paulus und Andere geschrieben haben; denn auch wir wollen nicht Tod, sondern Leben. Wir werfen nicht weg, was sie uns Gutes und Großes gegeben haben: aber wir haben es in andrer Gestalt und gehen in der Arbeit des Geistes weiter.

Hätte die Kirche sich die Geistesfreiheit gewahrt, welche grundsätzlich und thatsächlich im neuen Testamente waltet, hätte sie also ihr Glaubensgesetz nicht aufgestellt, ihren Buchstaben nicht vergöttert, so würde sie allmählig mehr und mehr vom Glauben zur Erkenntniß vorgeschritten sein. Sie hätte dann das, was in ihr aufkeimte, nicht niedergehalten, und was von außen kam, nicht abgewiesen. Sie hätte die in ihr sich bewegenden Gedanken, an dem Guten und Wahren, was ihr von außen sich bot, sich nährend, weiter entwickelt, das Ewige behalten, das Vergängliche abgeworfen.*)

Doch das mochte nach dem Laufe menschlicher Dinge nicht geschehen können, so daß erst nach fast zweitausendjährigem Unterliegen der immer neu sich regende Geist die Kirchenmauern durchbrechen und seine Freiheit sich wieder erringen konnte. Das ist aber nicht ein Tagewerk, sondern ein Werk von Jahrhunderten, und wir sind erst mitten darin.

Es ist nicht blos Zwang, was das christliche Glaubensgebäude so lange aufrecht erhalten hat. Das Christenthum war eine Flucht vor der Wirklichkeit des zerfallenen Lebens in das Reich der Phantasie. Hier war gut sein, hier baute man sich Hütten, ewige Hütten. Ungern giebt der Mensch sie wieder auf, wieder bewußt in das wirkliche Leben zu treten. Aber dennoch befriedigt sich der Geist in ihrer Ruhe nicht auf ewig; er tritt doch wieder heraus auf die Bahnen der Erkenntniß und der That. Und je weiter er auf ihnen geht, desto mehr zerfällt hinter ihm das verlassene alterschwache Gebäude, und er muß sich allmählig eine neue Wohnung zurichten.

So viel wir demnach jene Begeisterung für das Gute und Hohe schon im alten und noch mehr im neuen Testamente anerkennen, so sind wir dennoch, halb unbewußt, wieder in eine andre Geistesform eingetreten. Wollen wir in der kirchlichen Anschauungsweise sprechen, so können wir sagen, wie schon gesagt worden ist: Wir stehen jetzt im dritten Testament, in dem des Geistes, dem das des Vaters und das des Sohnes vorausgegangen ist. Das erste war das des Gesetzes, das zweite das des Glaubens, das dritte ist das der Erkenntniß. Das zweite that das Gesetz dennoch nicht ganz ab, es behielt

ja das Sittengesetz bei, nur geläutert und mehr in das
Innere des Menschen gestellt. So thut auch das dritte
den Glauben nicht rein ab, aber es macht ihn frei, es
läutert ihn, es stellt ihn als freien Allglauben an das
Gute, Wahre und Edle in das innerste Leben des Menschen, und klärt und stärkt ebenso das Sittengesetz. Es
ist ja Erkenntniß schon im alten Testamente; — wie
könnte Gutes ohne sie sein? Sie steigert sich im neuen
Testamente: sie erhebt sich zum vollen Selbstbewußtsein,
wenn auch nie vollendet, im dritten. Der Geist war
schon im Gesetz, er schwang sich auf im Glauben, er
umfaßt in Klarheit Alles in der Erkenntniß.

Der Mensch ist nicht allein Erkenntniß, Verstand; er
ist auch Glaube, unmittelbares Umfassen und Ahnen, wo
die Erkenntniß ihn verläßt, Gestalten, wo die Gestalt ihm
fehlt; er braucht auch das Gesetz für sein Leben, im Staat,
in der Gesellschaft, in seinem eigenen Innern. Er wird
die zwei Testamente nicht wegwerfen und verachten um
des dritten willen; er wird sie aufstellen im Tempel des
erkennenden und liebenden Geistes, und mit ihnen zu=
sammen Alles, was andre Völker und Zeiten für das
Heil der Menschenwelt Gutes geschaffen, es führe einen
Namen welchen es wolle, bis auf unsre Tage herab.
Denn für den erkennenden Geist gilt das Wort: „Es ist
alles euer". Er richtet das wahre Pantheon auf, in das
alles Hohe und Edle aufgenommen wird.

8.

Die Wissenschaft.

Es hat sich in der neuen Zeit im Leben der europäischen Völker eine neue Macht erhoben, welche sowohl das innere wie das äußere Leben derselben umgestaltet hat und in dessen Umgestaltung fortwährend noch begriffen ist. Die Umgestaltung ist so bedeutend, daß man einst von da an eine zweite Periode der Menschengeschichte beginnen wird. Diese neue Macht ist die Wissenschaft.

Zwar sind selbstverständlich die Anfänge des Wissens so alt wie das Menschengeschlecht, denn wie wäre ganz ohne solches das Menschenleben überhaupt möglich. Und selbst die Anfänge einer wirklichen Wissenschaft sind uralt: man hat den Himmel und die irdische Natur frühzeitig beobachtet und die Beobachtungen verzeichnet, man hat Völkergeschichte geschrieben, man hat Denkgebäude aufgerichtet. Aber das Alles war eben Anfang und Bruchstück; innere Schwierigkeiten und äußere Hemmnisse standen im Wege, Volkswahn und Ketzergerichte hielten den Geist in Banden, in welchem Werke die christliche Kirche in erster Linie gestanden hat. Wohl hat sie die Wissenschaft nach früherer gänzlicher Verwerfung später doch in sich aufgenommen, aber nur als Magd, welche zu ordnen und zu begründen hatte, was ihr als Wahrheit fertig vorgelegt wurde; die freie Wissenschaft, welche aus sich entscheidet was Wahrheit sei, ist von ihr nie anerkannt, sondern nur immer verworfen und verfolgt gewesen, und ist es bis auf den heutigen Tag. Zur freien souverainen Macht hat sich die Wissenschaft erst in neuer Zeit entwickelt und emporgerungen, und steht als solche nun der Kirche gegenüber, beide miteinander die Kräfte messend.

Es ist in der Wissenschaft, insbesondere dem geistlich-kirchlichen gegenüber ein andres Geistesprincip in die Welt getreten oder wenigstens erst zur Herrschaft gelangt. Das des Christenthums und der Kirche ist Glaube an eine Offenbarung, das der Wissenschaft und der neuen Zeit ist forschendes Selbstdenken. Die geglaubte Offenbarung kommt aus übermenschlichen Regionen, und wird einfach vom sich unterwerfenden Menschen gläubig aufgenommen; die Wissenschaft dagegen ist seine eigene freie Errungenschaft. Die geglaubte Offenbarung wird gegeben, geschenkt; die Wissenschaft wird erarbeitet, ist Erzeugniß und Erwerb menschlicher Thätigkeit.

Daß die geglaubte Offenbarung dennoch auch Menschengedanken enthält, thut nichts zur Sache, wenn vom Offenbarungsglauben als Princip die Rede ist. Die Offenbarung nimmt sich selbst und giebt sich und wird vom Glauben genommen als übermenschliche Wahrheit, die von

Menschen nicht einmal ganz gefaßt, geschweige denn gefunden werden könne. Daß sie dennoch auch Menschengedanke sei, ist erst Erkenntniß der Wissenschaft.

Die Offenbarung, welche irgend diesen Namen verdient, ist genialer Gedanke, Vorstellung oder Phantasie, im Menschenhaupt entsprungen. Freilich hat dieser Gedanke seinen fernsten Ursprung mit dem Menschenhaupte und dem ganzen Menschendasein im Allleben, im ewigen Urquell alles Einzellebens; aber wo er Gestalt gewinnt, zum Bewußtsein kommt, zum Worte wird, das ist dennoch das Menschenhaupt. Dem Menschenhaupte, das ihn zuerst ausspricht, hat ihn kein andrer Verstand gegeben, — es sei denn der allgemeine Verstand des Geschlechts, der bis hieher erwuchs und nun in dem Einen zum Selbstbewußtsein kommt, wie der Blitz, der Himmel und Erde verbindet und das Land umher erleuchtet. Ist die Blüthe das Erzeugniß des Baumes, so ist auch der Gedanke das Erzeugniß des Menschen. Der Baum hat freilich seine Kraft Blüthen zu treiben aus dem All, und zunächst aus dem Erdenleben; der sie aber treibt, ist doch der Baum.

Darum alle Achtung vor den wirklichen Offenbarungen der Vergangenheit, aber man gebe uns kein Gesetz, was wir als solche nehmen und was wir dagegen ausschließen sollen, — und man wolle uns nicht an den Buchstaben binden, sondern uns gestatten, die Gedanken der Vergangenheit frei aufzunehmen und im Geiste zu richten, — und man wolle uns nicht wehren, auch zu denken, auch Blüthen zu treiben, unbekümmert um ihre Abweichung

von den frühern. Wir halten zu der großen, allgemeinen, fortlaufenden, immer jungen, immer sich verbessernden, von einer Klarheit zur andern sich erhebenden Geistes=
offenbarung, in der alles hohe Menschenleben wurzelt.
An dieser Offenbarung ist die Wissenschaft ein we=
sentliches Glied. Sie macht erst klar, was sonst in dun=
kelm Drange lag, vielleicht in dunkelm dichterischem Wort sich äußerte. Sie ist Erkenntniß. Wir haben gesagt, daß sie nicht erst heute beginnt, aber erst in unsrer Zeit zu allseitigem Selbstbewußtsein und zur vollen Anerken=
nung gelangt. Sie war bei dem Menschen von Anbeginn, aber erst in unsrer Zeit wird sie seine vertraute Führerin. Sie redete immer schon ein wenig mit, aber erst jetzt wird sie zur Herrscherin.

Welche Erkenntnisse hat nun aber diese Wissen=
schaft in die Welt gebracht? —
Sie hat uns eine ganz andre Vorstellung von der Welt und dem Verhältniß unsrer Erde zu ihr gegeben. Die Vorstellung der Alten, auf welcher auch das Christen=
thum erwachsen ist, war die, daß die Erde der Haupt=
körper und Mittelpunkt sei, um welchen sich das Gewölbe oder die Hohlkugel des Himmels mit allen daran haften=
den Lichtkörpern herumbewege. Die neuere Himmelskunde hat uns gelehrt, daß der scheinbare Himmel unendlicher Raum ist, in welchem die Gestirne in unermeßlichen Fer=
nen neben und hinter einander in unzählbarer Menge

vertheilt sind, daß der Schein ihrer Bewegung um die Erde nur durch die Selbstumdrehung dieser hervorgebracht wird, daß die Erde, trotz ihrer ungeheuren Größe für uns, im Verhältniß zu den Himmelskörpern doch nur winzig klein ist, und, anstatt daß ihre Sonne täglich einmal um sie herumliefe, im Gegentheil sie selbst alljährlich einmal um jene sich schwingt, und mit ihr auf ungekannten Bahnen durch das Weltall läuft. So ist der alte Himmel gesprengt und zum unermeßlichen All, die Erde aber aus dem Hauptkörper zum Begleiter der einen von zahllosen Sonnen geworden. Diese Erkenntniß hat der Welt in unsrer Vorstellung eine ganz andre Gestalt und der Erde einen ganz andern Werth gegeben.

Eine eben so tiefe Umwandlung hat unsre Ansicht von der Natur erlitten. Die Wissenschaft hat nicht bloß den unermeßlichen Reichthum des Naturlebens aufgeschlossen, sondern auch das innere Wesen desselben in neuem Lichte gezeigt. Dem Christenthum und der Kirche ist die Welt das willkürliche Werk eines von ihr unabhängigen Schöpfers, von ihm eben so willkürlich regiert, erhalten oder vernichtet. Die Wissenschaft dagegen findet in Welt und Natur ewiges Selbst- und Allleben, kein nach außen hin abhängiges Machwerk.

Auch der Mensch tritt dadurch in ein wesentlich andres Verhältniß. Dort eben auch als ein willkürliches Geschöpf des Schöpfers aufgefaßt, von ihm auf die Erde gesetzt, willkürlich begabt und beschränkt, behütet oder preisgegeben, beseligt oder verdammt, wird er dagegen hier zu einem Erzeugniß des All- und insbesondere des irdischen Lebens, das sich nun in eigener Kraft auf dem Boden der irdischen Natur emporgearbeitet hat und mehr und mehr emporarbeitet auf unbekannte Höhen, zu seinem großen Geistesleben, das ihn über die Natur erhebt, ohne doch die Wurzeln seines Daseins aus ihrem Boden zu lösen, auf diesem Boden seines Lebens eigener Schmied, zugleich aber von dessen Einflüssen sich nie ganz befreiend, wie der Baum, der Blüthen und Früchte selber treibt, aber im Boden wurzelt und von der Witterung abhängig bleibt. So wird die Menschengeschichte des Menschen That, und nicht bloß die äußere, sondern auch die innere, auch seine Erkenntniß, auch seine Religion wird zu seiner eigenen That; er selbst, Natur und Menschenverhältnisse bestimmen sein Geschick.

Und so hat denn endlich die Wissenschaft auch die Religion in all ihren Formen zu ihrem Gegenstande gemacht, und zwar nicht allein zum Gegenstande ihrer Kenntnißnahme, sondern auch der Erforschung, Prüfung, Beurtheilung ihrer Entstehung und ihres Gehalts. Sie hat dieselben, während sie sonst als übermenschliche Gaben angesehen wurden, als menschliche Geisteswerke erkannt, welche dieser ihrer Natur wegen auch dem Menschengeiste unterworfen bleiben. Und so sieht die Wissenschaft eben nicht allein die nichtchristlichen Religionen, sondern auch die christliche selbst gleichermaßen an. Sie hat deren Urkunden geprüft und den Inhalt derselben gesichtet ganz in derselben Weise und mit derselben obersten Machtvollkommenheit, die sie allen Schriftwerken gegenüber übt, welchen Namen sie auch tragen mögen.

Welchen Einfluß werden nun diese veränderten Anschauungen auf das Leben der Menschen üben? Sinn und Streben der Menschen können dabei nicht bleiben wie sie sind. Wies ihn der kirchliche Glaube von der Erde weg auf den Himmel, so weist ihn die neue natürliche Anschauung dagegen auf die Erde. Mit dem Namen des „Irdischen" bezeichnete die Kirche alles Werthlose und Nichtige: der neue Geist findet dagegen auf der Erde seine Heimath und seine Aufgabe. Während der Gläubige meinte, alles Wesenhafte und Gute finde hier keine rechte Stätte, sondern könne nur im Himmel gedeihen, findet dagegen der neue Mensch auf der Erde den Boden, auf dem er dasselbe zu säen und zu pflanzen, auf dem er selbst zu leben und zu gedeihen hat. Die Erde wird ihm als seine Mutter, als Schauplatz seiner Thätigkeit, wie seiner Leiden und Freuden lieb. Er wird „irdisch gesinnt", aber nicht in dem alten schlechten Sinne, wo es nur sinnliche Gesinnung bezeichnen soll, sondern er findet auch das höchste Geistesleben eben auf der Erde bei den Menschen. Hier liegt nun sein Glauben, Lieben und Hoffen. Er glaubt an das Edle im Menschengeiste; er liebt die Menschen um desjentwillen, er liebt die ihm nahestehenden Seinen, mögen sie durch Blut, mögen sie nur durch Sinn und Geist ihm verwandt sein; er hofft auf weitere Erhöhung der Menschheit oder seines Volkes, oder seines eigenen Geschlechtes, auf den Sieg des Aechten und Guten, — und vor Allem, er lebt und arbeitet darin und dafür, und findet darin seine Befriedigung und seine Seligkeit. Aber was wird aus der Sittlichkeit? fragen Viele ängstlich. Wenn nicht ein, auf überirdisches, auf himmlisches, auf göttliches Ansehn gegründetes Gesetz die Sittlichkeit der Menschen stützt, so muß sie zusammenbrechen, sagen sie, indem sie dabei etwa noch auf die himmlischen Belohnungen und die höllischen Strafen verweisen. O, wie sucht man doch immer nach dem zerbrochenen Rohrstab, statt nach dem Wesen der Sache zu greifen! Eine Sittlichkeit, die nicht auf dem Wesen des Menschen steht, ruht auf Sand, wenn sie auch denselben für einen Felsen achtet. Das Wesen des Menschen als eines Einzelnen für sich und als eines Gliedes der Gesammtheit, je näher, desto inniger, das ist die allein feste Grundlage aller ächten menschlichen Sittlichkeit. Das ist sie auch immer gewesen, denn aus jenem Wesen haben alle edeln Gesetzgeber ihre Gebote geholt, nirgends hatte sie Einer vom Himmel herab gehört oder auf vom Finger Gottes auf einem Sinai geschriebenen Tafeln empfangen. Und wenn man denselben dennoch eine solche Herkunft zuschrieb, so geschah es nur für die rohe Menge, oder es lag im eigenen Gefühle der Erhabenheit dieser Gebote in der Brust des Propheten oder Gesetzgebers oder Lehrers, daß er sie, als ewig wahr und mächtig, über seinen persönlichen Geist zu setzen sich gedrungen fand. Die Quelle war aber überall doch das Wesen des Menschen, und der Menschengeist, dem dasselbe offenbar ward.

Darüber kommt er jetzt zu vollem Bewußtsein, und auch die Menge wird reif, es zu begreifen: und die menschliche Sittlichkeit gewinnt einen festern Grund, als sie zuvor hatte. An dem frühern konnte man zweifeln und zweifelten Viele, ja unbewußt fast Alle; an dem Grunde in der Menschennatur kann kein Wahrheits= fähiger und Wahrheitswollender irre werden, — er liegt überall zu Tage.

Gar Manche fürchten sich aber gewaltig vor der Inter= nationale und der Socialdemokratie, und meinen, man arbeite diesen mit Verneinung des Kirchenthums nur in die Hände. Haben diese denn die Wiedertäufer von Münster vergessen, welche ihr communistisches Reich auf neutestamentlichem Boden errichteten, und hat nicht auch nur erst in diesen Tagen ein solcher Arbeiterkreis sich auf Christus und seine Lehre berufen und ihn den seinigen genannt? Für diese Bestrebungen liegt sehr reichliche Anknüpfung im neuen Testamente, mehr als gegen sie; es kommt nur darauf an, welche man ergreift. Auch in diesen Dingen wird nur die Vernunft des wirklichen Lebens die schließliche Entscheidung geben können.

Nun erheben freilich die Offenbarungsgläubigen manche Einwendung gegen die Wissenschaft.

Sie werfen ihr zuvörderſt Unſicherheit vor, indem ſie darauf hinweiſen, wie viele Aufſtellungen derſelben nur Vermuthungen ſeien und wie oft das, was der eine Gelehrte hinſtelle, vom andern wieder umgeworfen werde. Nun leuchtet von ſelbſt ſchon ein, daß beim Vorſchreiten im Wiſſen, beim Erforſchen unbekannter Dinge hie und da Fehltritte gemacht werden müſſen; das Weiterforſchen verbeſſert ſie aber, und es bleibt dennoch richtig, daß es nichts Sichreres in der Welt giebt als die Wiſſenſchaft. Die angebliche Sicherheit des Offenbarungsglaubens dagegen iſt nur eine Einbildung oder ein Vorgeben, und der Kundige kann über dieſelbe nur lächeln. Das in ſich Widerſpruchsvollſte, was es giebt, will ſich dem klaren und feſtbegründeten Wiſſen gegenüber für gewiß und ſicher ausgeben! Ein kindlich-gläubiger Pfarrer ſagte zu einem abgehenden Schüler, der etwas Andres als Theologie ſtudiren wollte, mit abmahnendem Bedauern: „Ach, da iſt ja Alles nur Hypotheſe; bei uns aber iſt Alles ſo hübſch gewiß." Dieſer Mann war ſchon vor mehr als einem halben Jahrhundert ein Wunder im Lande; jetzt möchte ein ſolches Wunder — nämlich mit ehrlicher Meinung — nicht mehr zu finden ſein. Nur mit höchſter Gewaltſamkeit kann gegenwärtig ein Menſch, der von der Bildung der Zeit nicht unberührt geblieben iſt, ſich auf dem Boden des Offenbarungsglaubens halten; Gewaltſamkeit aber iſt keine Sicherheit. Die Unſicherheit, welche im Vordertreffen der Wiſſenſchaft hie und da ſtattfindet, iſt für das Ganze derſelben ſo wenig bedeutend, wie ein Vorpostengefecht für den Krieg: während dagegen der Offenbarungsglaube einem geschlagenen Heere gleicht, das sich seine Niederlage durchaus nicht eingestehen will. Es ist auch schon an und für sich thöricht, zu meinen, etwas, das man nicht weiß, nicht begreift, sondern gegen allen Widerspruch des Verstandes nur gläubig annimmt, sei sicherer, als was man weiß. Im Glauben als solchem schon ist die Unsicherheit inbegriffen. Er hat nur da seine bescheidene Berechtigung, wo und so lange das Wissen mangelt. Die Wissenschaft erhellt das Dunkel des Glaubens, und kann allein an die Stelle der Unsicherheit die Sicherheit setzen. Wo sie nicht hinbringt, da bleibt die Unsicherheit ewig.

Ein andrer Vorwurf, welcher der Wissenschaft gemacht wird, ist die Weitschichtigkeit, welche sie der großen Menge der Menschen gänzlich unzugänglich mache. Ja, von der vollen Ausdehnung derselben ist das wahr; man kann sie nicht durchlesen wie die Bibel. Das ist aber auch nicht erforderlich. Kein Mensch in der Welt, auch nicht der größte Gelehrte, der scharfsinnigste Kopf in einem langen Leben, ist im Stande, der Wissenschaft in ihrer ganzen Ausdehnung sich zu bemächtigen. Die großen Grundzüge derselben aber sind jedermann zugänglich, wenn nur sein Sinn nicht zuvor durch Eingewöhnung in falsche Anschauungen verwirrt ist. Die wissenschaftliche Anschauung der Welt und des Lebens ist in ihren allgemeinen Grundzügen schließlich gerade die einfachste und verständlichste. Es handelt sich dabei nicht um vieles Wissen sondern um eine Weise der Anschauung der Dinge und des Denkens.

Dem allen entgegen aber wird noch der Einwurf der Trostlosigkeit erhoben. Ja, so schmeichelnd der Einbildungskraft und den Wünschen des weichen träumenden Herzens, wie namentlich der christliche Offenbarungsglaube, ist die einfache, wissenschaftliche, verständige Welt- und Lebensanschauung freilich nicht; jene ist eben willkürliche Phantasie, diese verständige Wahrheit. Die letztre nimmt die Dinge wie sie sind, nicht wie man sie haben möchte. Die Dinge sind aber nicht überall freundlich und behaglich, sondern hie und da auch rauh und unbequem. Wir müssen uns fügen lernen, und das Rauhe durch den Geist überwinden. Am festesten stehen wir doch auf dem Boden der Wahrheit und Wirklichkeit, wenn wir nur nicht durch Gewöhnung an schmeichelnde Bilder das Gehen auf ihm verlernt haben. Diese schmeichelnden Bilder giebt uns von Jugend auf die kirchliche Religion, und macht uns damit schwach statt stark, wie sie meint oder vorgiebt. Wenn dann die rauhe Wirklichkeit hereinbricht und die Bilder schwinden, dann ist freilich die Trostlosigkeit da. Der Schmerz an sich aber ist aus dem Leben nicht wegzuschaffen, zu mildern nur durch ein allseitig offenes Auge und ein starkes Herz.

Das Wissen der Menschen ist freilich nicht vollkommen und wird es nie werden. Vollkommen ist nur die Welt. Wäre es je vollendet, so wäre es eben fertig, und die Menschheit mit, und das Leben derselben mit.

Jenseits alles dessen, was wir wissen, liegt immer noch ein Dunkel, in das wir noch nicht eingedrungen sind. Welt und Leben sind unendlich, — wie könnte das Wissen von ihnen je an's Ende kommen: die Unendlichkeit ist nimmer zu bewältigen. So weit auch ein Licht scheint, es kommt dennoch eine Ferne, in die es nicht mehr dringt. Jenseit alles Wissens liegt doch das Geheimniß. Die Welt in ihrem tiefsten Grunde bleibt doch Geheimniß. Da sind denn die Verkündiger des Glaubens schnell bei der Hand, und bieten uns ihre Predigt als Licht in dem Dunkel an. Ja, ihr Guten, wenn sich nur nicht euer Glaube als ein trübes und trügerisches Licht bewährte, als eine willkürliche Beleuchtung, vielmehr als ein magisches Dunkel, das alles eher ist als Wahrheit. In jenes Geheimniß der Welt ist die Wissenschaft dennoch ungleich tiefer eingedrungen als ihr, und sie bleibt dennoch die einzige Leuchte in seinem Dunkel. Und trotz alles Geheimnisses haben wir dennoch in ihr eine lichte Wohnung, von welcher aus wir unsern Weg wohl finden. Das Geheimniß in irgend einer Weise sich erhellen zu wollen, bleibt jedermann unbenommen; nur thut er wohl, dabei gegen sicheres Wissen nicht zu verstoßen. Und dann wolle er sein Schauen oder Glauben nicht als sichere Wahrheit behandeln, zu der jedermann sich auch bekennen müsse. Das zerstoßene Rohr nicht zerbrechen; aber es wolle auch nicht für einen Eichbaum gelten.

Wie aber soll sich das Gemüth in die wissenschaftliche Anschauung, in die Wirklichkeit der Dinge finden, wie kann damit Gemüthsruhe und Gemüthsfreudigkeit bestehn?

Es ist wahr, die Wirklichkeit hat für unser Gemüth ihre Schrecken, mit denen es oft schwer zu ringen hat. Wäre es unmöglich, auch nur für die Menge, sie auf jenem Boden zu überwinden, so müßten wir allerdings mit Kassandra flehen: „Meine Blindheit gieb mir wieder!" Dann wäre Vernunft und Wissenschaft ein unseliges Geschenk, eine unselige Errungenschaft der Menschheit, und wir müßten uns krampfhaft anklammern an das überkommene kirchliche Glaubenssystem und mit allen Kräften wieder aufzubauen suchen, was wir zerstört haben. Freilich aber — es würde eben nicht möglich sein, denn wir haben jenes Geschenk einmal und können es nicht füglich wieder loswerden, nicht willkürlich in den Kehricht werfen, — es ist unser höher entwickeltes Selbst. Man mag über die Götter Griechenlands und Judäa's klagen wie man will, sie sind doch aus der Wirklichkeit in das mythische Reich versetzt. Es ist und geht einmal nicht anders, wenn jemand es auch noch so sehr hinwegwünschen und hinwegleugnen möchte.

So unheilbar schroff und grell ist aber der Widerspruch zwischen Gemüth und Wissen nicht. Er hat seine Hauptstärke in der Gewöhnung, und diese kann sich ändern. Unser Gemüth ist durch den uns überlieferten Phantasieglauben verweichlicht, mit der Wirklichkeit der Dinge in Zwiespalt gesetzt. Das christliche Gemüth glaubt was es wünscht, und verhüllt was ihm nicht gefällt. Es wird ihm überall schwer, von dieser Gewohnheit abzulassen. Es mag sie auch behalten, soweit und so lange sie ihrer durchaus bedarf. Wir wollen es nicht schelten und nicht stören in seiner Stille. „Das zerstoßene Rohr nicht zerbrechen, und den glimmenden Docht nicht verlöschen." Die Zeit, von Geschlecht zu Geschlecht, wird stärken. Und auch in seinen Vorstellungen hat es ja dennoch einen Kern von Wahrheit, weit eher und mehr als die Verzweiflung und die Hohlheit und der Frevel. Nur die Erkenntniß ist wahr und voll, die uns auferbaut: die uns knickt ist Wahn. Und unser Wissen ist ja nicht vollendet.

Doch aber strebe der frische und kräftige Sinn nach Erkenntniß, bei welcher im Ganzen schließlich doch allein Sicherheit und Festigkeit sich finden wird. Dem Phantasieglauben wohnt eine Unsicherheit bei, die ihn nicht leicht ganz verläßt. Das lehrt das Leben und die Beobachtung des Menschen. Der stete Widerspruch zwischen seinen Anschauungen und der wirklichen Welt läßt ihn namentlich in unsrer Zeit nie zur vollen Ruhe kommen. Der Zweifel steht als sein schlimmer Zwillingsbruder immer neben ihm. Das wirkliche Wissen aber bringt Versöhnung und Ergebung und festen Sinn. Unselig ist doch der immer neue Kampf zwischen Glauben und Zweifel.

Unser Gemüth wurde gewöhnt, die Dinge nach seinem Behagen willkürlich sich zuzurichten: es gewöhne sich nun, sich in die Wirklichkeit zu schicken und sie mit aller Kraft zu ergreifen: es werde stark. Wer sich daran gewöhnt

hat, die Dinge zu sehen wie sie sind, der erschrickt vor
ihrem Drohen weniger als wer sie hinter schönen Phan=
tasien zu verbergen gewohnt ist, denn diese bleiben ihm
immer ungewiß, halten nicht aus, gerathen vor dem Herein=
brechen der Wirklichkeit in's Schwanken. Wie haltlos zeigen
sich in Gefahren oft gerade die, deren Glaube sie ja ganz
unanfechtbar machen würde, wenn er fest wäre. Ihr
Grund wird unsicher, und darum sind sie denn allen
Schrecken hülflos preisgegeben. Die Glaubensvorstellung
ist es nicht, was stark macht in Gefahren, sondern der
Charakter.

Es möchte nun wohl aber auch manches Gemüth über
die Leerheit der Welt klagen wollen, wenn ihm seine himm=
lische Welt genommen werden soll. Das läge nun aber
nicht an der Welt und am Leben, sondern am Gemüth.
Welt und Leben sind so reich, daß kein Gemüth weit
genug ist, ihren Reichthum aufzunehmen; sie sind uner=
schöpflich, weil sie ewig und unendlich sind. Das ist zu=
nächst die himmlische und die irdische Natur. Der An=
blick und die Erforschung derselben und das Bewegen in
ihr bieten uns unerschöpfliche Freuden. Vor Allem aber
ist es das Menschenleben, was unserm Gemüthe eine nie
ausgehende Nahrung bietet. Es gehört nur der offene
Sinn dazu, sie aufzunehmen und in das eigene Seelen=
leben zu verwandeln. Es ist mit dieser Nahrung nicht
wie mit der leiblichen, welche auf ein gewisses Maaß be=
schränkt ist und unter die Hungrigen sich vertheilt; es ist
mit ihr vielmehr wie mit Luft und Licht, welche durch den

Gebrauch nie vermindert werden. Je mehr Menschen von dem einen Leuchter ihr Licht sich anzünden, desto heller wird es im Gemach. „Dein Sinn ist zu, dein Herz ist todt." Wir nennen die Namen: Liebe, Familie, Freundschaft, Gesellschaft, Arbeit, Erwerb, Erkenntniß, Wissenschaft, Kunst, Gemeinde, Staat, Nation, Völkerleben, Geschichte, Zukunft. Jedes dieser Worte ist unermeßlich umfassend, schon reich genug, ein Menschenherz auszufüllen: und doch stehen ihre Gebiete mehr oder weniger Allen offen. Ergreife nur die Wirklichkeit mit Gemüth, übersieh nicht, was sie dir bietet; tritt nur heran an die Menschen und ihre Verhältnisse, ihre Leiden und Freuden, ihre Thätigkeiten und Werke, an Kampf und an Frieden, im Kleinen und Großen, in Nähe und Ferne, — da wirst du bald finden, daß dein Gemüth nicht Alles fassen kann. Wessen Gemüth darbt, der hat es selbst abgesperrt. Wolle nur nicht ein selbstisches Spiel, sondern entäußere dich und thue dich der Welt und dem Leben auf.

Aber das „arme, ungelehrte Volk", klagen Andre, „ist von solcher Nahrung in Geist und Gemüth ausgeschlossen, und wird sich nie auf diese Höhe erheben." Wir antworten: Es gehört zum Genuß derselben weder Reichthum noch Gelehrsamkeit und hohe Kunstbildung, sondern eben nur ein erschlossener Sinn. Den mehr zu erschließen als bisher, wird die Aufgabe der von der Kirche befreiten und mit der Wissenschaft und Kunst in innigere Verbindung gebrachten Schule sein. Wird etwa der Mangel an diesem Sinn durch die Einlernung der Kirchenlehre ausgeglichen? Man sehe doch nur das „arme Volk" mit offenen Augen an. Dem Zweifel der „Hochgebildeten" aber stelle ich entgegen: Hat nicht der Mensch mit geringer musikalischer Bildung an dem eigenen Gesang eines schlichten guten Liedes oder an dem Spiel einer einfachen Musik oft viel höhern Genuß, als vielgebildete Herren und Damen am Clavier oder im Concert? — und nicht so der schlichte Handwerksmann an einem kleinen Buche, das ihm neue Einsichten erschließt, mehr als ein Gelehrter an seinen Studien? — oder derselbe an einem Sonntagsspaziergange mehr als der gelangweilte Tourist an Rom und Neapel? — oder der brave Landwehrmann an den Siegen seines Heeres mehr, als der etwa in seinem Ehrgeiz unbefriedigte General? — und Jener nicht vielleicht bei seiner Heimkehr an seinem lieben Weibe und Kinde mehr, als Dieser an seiner vornehmen Gemahlin und seinen Herren Söhnen oder Fräulein Töchtern? — Es gehört zu dem allen nur der offene Sinn; und den kann auch der schlichte Mensch haben.

Die natürlich wissenschaftliche Ansicht der Dinge ist doch schließlich die einfachste, und der Zugang zu ihr wird nur durch überlieferte entgegengesetzte Vorstellungen erschwert.

Wenn wir von der Religion die Anerkennung der Wissenschaft verlangen, so hören wir auch den Einwurf, die Religion könne aber der Phantasie nicht entbehren.

Es ist das ganz richtig, und wir müssen es nur dahin erweitern, daß die Phantasie überhaupt eine Kraft und Thätigkeit des Geistes ist, welcher der Mensch nicht entbehren kann und soll. Der Geist schafft sich selbst Gestalten, wo die Wirklichkeit sie nicht bietet, wenn auch aus dem Stoffe, den er in ihr vorfindet. So schaffen wir uns Bilder von Dingen, von Menschen, von Ereignissen, von Ländern und Städten, die wir nie gesehen haben, aus den immer mangelhaften Beschreibungen, die wir von denselben erhalten. Und schon, wenn wir eine Blume oder einen Baum sinnig anschauen, oder eine Landschaft oder Wald und Berg und See, ist unsre Phantasie thätig, sie uns zu gestalten und zu beleben. Und unsre Dichter schaffen uns ja fortwährend Gestalten und Lebensbilder, die in der äußern Wirklichkeit nicht vorhanden sind, an denen wir uns aber dennoch hoch erfreuen und erbauen, weil wir in ihnen Gedanken verkörpert sehen. Welcher wirklich geistige Mensch möchte die Dichtung entbehren! —

Nur das Eine unterscheidet uns hierin von der Vergangenheit, daß sie die Bilder und Schöpfungen der Phantasie für Wirklichkeit nahm und als solche gab, wir aber das Wissen haben von ihrer Natur und sie als nichts andres geben. Den höchsten Gewinn giebt doch erst diese Erkenntniß. Wir preisen vielleicht die kindlichen Zeiten und Menschen glücklich, welchen alle Dichtung Wirklichkeit war — „da Ihr noch die schöne Welt regiertet", — aber dieser Preis ist vielleicht eben auch — Phantasie. Die Dämmerung ist schön; aber schließlich wollen wir doch das volle Tageslicht. Und Jeder von uns macht ja diese gläubige Zeit in seiner Kindheit einmal durch. Aber dennoch freut sich schon der Jüngling der unverhüllten Erkenntniß.

So werden wir denn auch keine Anschauung der Welt und des Lebens ohne Phantasie zu Stande bringen, und jeder Einzelne wird das zum Theil wieder in seiner eigenen Weise thun. Wir können nur aber solche Bilder nicht mehr für sichere Wirklichkeit ausgeben und ihnen insbesondere nicht mehr Allgemeingültigkeit oder gar zwingende Kraft beimessen, wie das die Kirche thut.

Die Menschen sind verschieden. Die Einen werden in dem, was die Wissenschaft giebt, sich einfach befriedigt finden; Andre werden zu ergänzen streben, was sie vermissen. Wer mag das wehren, wo ein sittlich edler Geist sie treibt, und sie nicht zur dreisten Verleugnung alles Wissens schreiten. Aber das Allgemeine kann ferner nur das Wissen sein. Der neue Katholicismus ist allein die Wissenschaft.

Der Uebergang zu dieser neuen Weltanschauung wird nun aber ja nicht etwa einmal plötzlich über Nacht kommen, und den Einzelnen oder das Ganze umwandeln, sondern er ist bereits einem hohen Maaße nach vorhanden, hat uns schon bedeutend umgewandelt und thut es immer mehr. Denn, wenn auch jene neue Welt- und Lebensanschauung erst Wenigen zum vollen Bewußtsein gekommen ist, so liegt sie doch der jetzigen europäischen Menschenwelt, da wo sie irgend wahrhaft lebendig ist, gleichsam schon in den Gliedern. Es macht sich eben der

Phantasie gegenüber die Wirklichkeit dennoch im Leben geltend. Handeln nicht die, welche ihren Worten gemäß an einen sie stets beschützenden himmlischen Vater glauben, dennoch fast immer, als glaubten sie ihn nicht, und ist nicht ihr Gemüth in Gefahren meist ebenso beunruhigt, als wäre ihnen ein solcher Glaube ganz unbekannt? Es verhält sich ja so selbst mit philosophischen Phantasmen, an denen es auch nicht fehlt. Der Philosoph, der sich durch seine Abstraction von der Wirklichkeit zum theoretischen Zweifel an ihr bringen läßt, lebt dennoch in der Wirklichkeit wie andre Leute; und verfällt er etwa in den ärgsten Pessimismus, so hält ihn das nicht ab, das Leben sich vielleicht gerade recht behaglich zu machen.

Und so wie im Widerspruche mit den Glaubensvorstellungen die Wirklichkeit sich von je her geltend macht, so geschieht das in unsrer Zeit noch viel mehr, weil jene Vorstellungen in ihr immer schwächer werden. Sie werden theils von Vielen ganz aufgegeben, theils haben sie bei noch viel Mehreren nur noch eine so geringe Macht, daß sie wirkliches Leben und wirklichen Einfluß gar nicht mehr verrathen. Die wissenschaftliche Anschauung der Dinge verbreitet sich unmerklich immer weiter und gewinnt ungesehen immer größere Macht; zahllose Menschen, die sich theoretisch gegen sie wehren, folgen ihr dennoch praktisch ganz und gar.

So geschieht der Uebergang ganz allmählig. Er wäre ein ungeheurer, wenn er plötzlich geschähe, und wenn der Gegensatz beider jemals in ganzer Schroffheit vorhanden

gewesen wäre, was aber eben durch den steten mächtigen
Einfluß der Wirklichkeit verhindert wird. In der Theorie
ist er wahrhaft ungeheuer, in der Praxis immer noch
von großer Bedeutung, aber doch weit weniger grell als
in jener. Dennoch gelangen wir durch ihn in eine neue
Zeit.

Ein Hauptmerkmal dieser neuen Zeit wird die Ueber=
einstimmung des Menschen mit sich selber sein. Der
kirchlich gläubige Mensch lebt in zwei Welten, in einer
Welt der Phantasie, und einer mit dieser gar nicht über=
einstimmenden Welt der Wirklichkeit. Das bringt noth=
wendig einen innern Zwiespalt in sein Leben. Einmal
sieht er dieses nach seinen Glaubensvorstellungen an, ein
andres mal wieder nach der Wirklichkeit. Bedrängt ihn
diese, so flüchtet er sich in jene, und wird doch von den=
selben wieder in jene zurückgeworfen, die er nur über=
windet, wenn er sie nimmt und behandelt, wie sie ist.
Wer aber die Wirklichkeit als solche erkennt und er=
kennend in ihr steht, der ist in sich einig. Jene Zwie=
spältigkeit gewährt dem Beobachter oft ein trübseliges
Schauspiel, das der innern Verwirrung und Schwäche.
Die klare Bewußtheit ist ein guter Tausch für sie, frei=
lich nicht so schmeichelnd, aber dafür gesund und stark.

Sowie sich in den letzten Jahrhunderten eine, von
der Kirche unabhängige Wissenschaft entwickelt hat, so hat
sich auch ein ebenso unabhängiges Schriftthum, eine reiche
Literatur bei den großen Culturvölkern der Neuzeit ge=
bildet. Es sind in ihr die von Bibel und Kirche ganz

unabhängigen, von ihnen nicht erzeugten und nicht gebundenen Anschauungen und Gedanken einer freien Bildung niedergelegt, welche nicht Wissenschaft im strengen Sinne des Wortes ist, aber doch mit derselben in Einklang steht und auf ihr fußt. Diese Kunstliteratur ist so recht der Ausdruck jenes unabhängigen Geisteslebens, das in den letzten Jahrhunderten Hand in Hand mit der Wissenschaft aufkam, und hat es mächtig gefördert; sie ist der Ausdruck des wirklich allgemeinen Bildungslebens unsrer Zeit, das mit der Kirche wenig Berührung hat.

In dieser Literatur sind die höchsten und tiefsten Gedanken niedergelegt. Sie liegen oft genug in vieler Spreu; aber wo wäre Korn ohne diese. Das Korn muß von der Spreu gesondert werden. Das kostet Mühe, aber der Geist, der „Geister unterscheidet", vollbringt es gar wohl. Muß er in der „heiligen Schrift" der Kirche Spreu und gar Mutterkorn vom Weizen unterscheiden, so mag er's auch hier. Es muß noch viel geschehen, das edle Korn herauszulesen und dem Volke zuzuführen, als eine neue „Schrift"; aber es geschieht und wird geschehn. Und dann, diese Literatur ist noch nicht geschlossen: wir wissen nicht, welche Zweige, Blüthen und Früchte sie noch treiben wird.

Allen jenen Bedenken müssen wir schließlich einfach die Nothwendigkeit entgegenstellen. Man mag noch so sehr das Schwinden der christlichen Kirchenlehre beklagen zu müssen glauben, so ist es eben auf die Länge doch unmöglich, sie aufrecht zu erhalten. Die Nothwendigkeit geht über solche Klagen und Wünsche hinweg. Einstmals schwanden die Götter Griechenlands; Alles schien mit ihnen unterzugehn, Julian suchte vergeblich sie wieder herzustellen, Schiller und Göthe haben den Schmerz damaliger Zeit noch in späten Jahrhunderten nachgefühlt. Ebenso vergeblich ist die Klage über das Schwinden der christlich-himmlischen Welt in unsern Tagen und der Versuch des Aufhaltens oder der Wiederherstellung; der Gang des Geistes wird sich doch vollziehn. Die Wissenschaft wird nicht umkehren; sie ist da und wird weitergehn. Sie läßt kein Gebiet gegen sich absperren und läßt sich kein Halt zurufen. Sie wird sich hergebrachten Wünschen nicht anbequemen, sondern einfach die Dinge zeigen wie sie sind. Wer sie anklagt, der klagt den Menschengeist selber an und die Natur der Dinge, in denen dieser wurzelt.

Oder sollen wir etwa den Unterschied einer esoterischen und einer exoterischen, einer innern und einer äußern Lehre festhalten, ein Priesterthum der Wissenden gegenüber der nichtwissenden Masse, wie es zur Zeit der Geheimlehren des Alterthums war? Der Unterschied ist bereits gebrochen: sollen und können wir ihn wiederherstellen? Das wäre ein abenteuerlicher Gedanke, den wohl kaum jemand hegt. Was sonst in's Ohr gesagt wurde, wird bereits auf den Dächern gepredigt; und es konnte nicht anders gehn und kann es auch ferner nicht. Das Licht ist angezündet, das alle Welt erleuchtet, und seine Strahlen lassen sich nicht in vier Wände bannen.

Der Nothwendigkeit hat man sich zu fügen, und auf dem von ihr gegebenen Boden neu zu bauen.

Strauß hat die Frage aufgeworfen, ob wir noch Christen seien, und hat sie mit Nein beantwortet. Man hat ihm das hie und da ganz besonders übel genommen, nicht sowohl die „gläubigen" Gegner, welche gar nichts dagegen einzuwenden haben werden, wenn Strauß sich und Gleichgesinnten das Christenthum abspricht, sondern vielmehr diejenigen, welche sich mehr oder weniger mit ihm auf gleichem Boden fühlen. Es geschieht das hier um kirchlicher Reformen willen, sei es in der katholischen sei es in der protestantischen Kirche, dort der Einheit mit dem „Volke" wegen, anderswo, damit nicht den Socialdemokraten, Internationalen und Ultramontanen in die Hände gearbeitet werde, und so fort. Man ereifert sich gegen etwas, was doch mindestens nicht allzu fern liegt, und für etwas, wovon man jedenfalls nur noch wenig besitzt. Man meint hie und da das Wort zu hören: Noli turbare circulos meos, verdirb mir meine Kreise nicht.

Das Christenthum ist ein so weitschichtiger, schwankender und unklarer Begriff, daß es eine schwere Aufgabe ist, zu sagen, was darin das Wesentliche, und wer eigentlich ein Christ zu nennen sei und wer nicht. In nichts sind wohl die Christen weniger einig als hierin. Frage nach einer Erklärung des Begriffs, und der Eine wird dir dieß sagen, der Andre das. Frage den rechtgläubigen

Katholiken, so wird er zunächst allen Protestanten als Ketzern den Namen des Christen verweigern. Frage aber auch den rechtgläubigen Protestanten, so wird er alle Nichtgläubigen ausschließen, und gehört er zu den besonders „Frommen", vielleicht nur einige wenige „Christen" in seiner Stadt zu nennen wissen. Und dagegen werden die Ausgeschlossenen umgekehrt gerade sich selbst als die wahren, die eigentlichen und rechten Christen bezeichnen, den Rechtgläubigen aller Kirchen dagegen, bis zu Kirchenrath, Papst und Jesuiten hinauf, nur ein verdorbenes und verkehrtes Christenthum zuerkennen. Als allgemeiner Volksausdruck aber heißt „christlich" etwa so viel wie „gut", und „unchristlich" so viel wie „böse".

Das Christenthum findet die wahre Aufgabe des Menschen in einem zukünftigen andern Dasein, mag es sich dasselbe nun so oder anders vorstellen. Nach dem neuen Testamente ist das irdische Dasein der gesammten Menschheit verderbt, nichtig, dem Untergange geweiht; erst in einem ganz andern Zustande wird das wahre Leben eintreten, welcher durch Weltuntergang, Wiederkunft Christi, Verwandlung und Auferstehung des Geschlechts, durch einen neuen Himmel und eine neue Erde kommen wird. Das gegenwärtige Dasein ist nur als eine auferlegte Last anzusehn und geduldig und in Hoffnung auf baldige Erlösung zu tragen, keineswegs aber zu lieben und zu pflegen. „Unser Vaterland ist im Himmel." Die gegenwärtige Zeit aber, mag sie auch noch mehr oder weniger von jenen Vorstellungen beibehalten, faßt dagegen

das vorliegende irdische Leben thatsächlich als die Auf=
gabe und den Boden für den Menschen. Jene ächte
christliche Stimmung ist weit überwiegend dieser neuen
gewichen.

Wir wollen jetzt, daß der Mensch als solcher und für
diese Welt seine Anlagen kräftig entwickele, daß er thätig
sei, daß er sich freue, daß er glücklich sei, und verweisen
ihn damit nicht erst an den Himmel. Die irdischen Ver=
hältnisse haben uns ihren hohen Werth in sich selbst.
Familie, Liebe, Ehe, Haus, Gesellschaft, Arbeit, Beruf,
Staat, Volk, Wissenschaft und Kunst sind uns die großen
Gebiete für unser Streben und unsre Befriedigung. Wir
wollen freilich all diese Dinge auch noch besser haben,
als sie sind; aber wir wollen sie auf der gegebenen
Grundlage bessern, nicht durch eine wunderbare Um=
wälzung und Umwandlung, durch welche die menschlichen
Dinge eben von Grund aus anders würden. Unsre Liebe
gehört der Erde und der Menschheit, je näher, desto mehr.
Unser Leben, unsre Familie, unser Volk und Staat mit
all ihrem reichen Inhalte sollen blühen und wachsen; das
ist es, was uns erfüllt.

Es werden gar Manche meinen: „das Eine thun,
und das Andre nicht lassen!" Sie werden sagen, jene
alte Abwendung vom irdischen Leben sei ja längst über=
wunden, und die Kirche erkenne ja alle Verhältnisse dessel=
ben an und strebe sie zu heiligen.

Ja, es ist wahr, die Kirche ist auf dieselben ein=
gegangen und thut es noch; aber so weit sie es gethan

hat, ist sie eben vom alten ächten Christenthum abgegangen, und sie hat es nur so weit gethan, als sie mußte, wenn sie nicht das Leben ganz aus der Hand verlieren und zur abseits gelassenen Sekte werden wollte. Es ist das nur ein Nachgeben, nur ein Zugeständniß an den unaufhaltsamen Gang des Menschenlebens gewesen. Wirklich das irdische Leben aufzugeben und sich einzig dem Himmel zuzuwenden, dazu konnte die Menschheit nicht gebracht werden, - das ließ die in ihr wirkende Lebenskraft nicht zu. Dennoch ist die eigentliche Richtung der Kirche auf das Ueberirdische dieselbe geblieben, und sie verachtet noch heute das „Irdische" als unwerth und nichtig, und weist allein auf das „Himmlische" hin. Man kann das oft genug auch aus dem Munde möglichst freisinniger Geistlichen hören. Die Geringschätzung und Verwerfung des Irdischen ist ein Grundzug des Christenthums.

Es ist ja nicht zu verkennen, daß wir mit dem Christenthum noch in Zusammenhang stehn und gar mancherlei aus ihm behalten. Es fragt sich aber, ob dieß das Wesentliche und Eigenthümliche gerade des Christenthums ist.

Die mancherlei guten und trefflichen Morallehren des Christenthums im neuen Testamente finden sich größtentheils auch anderswo, bei andern Völkern, und der Zeit nach vor dem Christenthume. Es findet sich unter uns vielfach der Sprachgebrauch, daß man unter „christlich" einfach „gut" versteht, und unter „unchristlich" das Gegentheil. Das rührt aus dem Zuge der Kirche her, alles

Außerkirchliche für schlecht zu erklären, und sich allein als Inhaberin alles Guten darzustellen, wie es wesentlich eben auch das neue Testament thut. Indeß, so ist es doch nun eben nicht. Wir wissen nun längst, daß der kirchenväterliche Ausspruch, daß die „Tugenden der Heiden nur glänzende Laster" seien, nichts Andres als ein blinder Fanatismus und eben selbst im besten Falle ein glänzendes Laster ist.

Das Wesentliche und Unterscheidende des Christenthums ist doch ohne Zweifel im Namen ausgedrückt. Ein Christ ist, wer glaubt, daß Jesus von Nazareth der Christus, der Retter und Erlöser der Menschheit sei, und wer nun die Lehre, die Welt- und Lebensanschauung desselben, als das ewige Heil der Menschen, in sich aufgenommen, zu der seinigen gemacht hat und sein Leben von ihr bestimmen läßt.

Nun haben wir gesehen, daß es bisher nicht gelungen ist, die Lehre Jesu frei von allen Zusätzen und Veränderungen, aus dem was ihm vielfach fälschlicher Weise zugeschrieben und in den Mund gelegt worden ist, mit irgendwelcher Sicherheit herauszuschälen, und daß dazu auch wenig Aussicht ist. Wir erweitern denn vielleicht jene Bestimmung dahin, daß wir an die Stelle der Lehre Jesu die Lehre des neuen Testaments setzen auf Grund der Annahme, daß sie ja das Wesentliche jener mitenthalten werde, — daß wir also nicht sowohl die uns wenig sichere Lehre Christi, als vielmehr die Lehre von

Christo, über Christus, wie die ersten Jahrhunderte sie aufgestellt, im Auge haben.

Da haben wir denn nun in unsern vorigen Ausführungen gesehen, wie stark wir vom neuen Testamente abweichen. Unsre Welt- und Naturanschauung ist eine ganz andre geworden, ebenso sehen wir die Menschengeschichte ganz anders an und nicht minder den Beruf und die Aufgaben, das Schicksal und Glück und Unglück des Menschen, und selbst die Anforderungen der Sittlichkeit haben sich nicht unbedeutend verändert. Können wir da wirklich sagen, daß wir wahrhaft und wirklich noch auf dem Boden des neuen Testamentes stünden? Ist das aber nicht der Fall, so sind wir auch keine wirklichen Christen mehr, wenn wir's auch dem Namen nach noch sind.

Auch zur Zeit des ersten Christenthums war es zweifelhaft und streitig, ob das noch Judenthum sei oder nicht. Gerade die ersten Christen hielten sich noch für Juden, und zwar eben für die allein ächten Juden. Sie hielten streng an der Beobachtung des jüdischen Gesetzes, und das alte Testament war ihre heilige Schrift, in der sie Alles bereits zu finden meinten, was in Jesus gekommen sei, indem sie dieselbe mit der äußersten Willkür auslegten. Sie eiferten gegen Paulus, und er ist noch lange Zeit auf das Giftigste als falscher Apostel verketzert worden, weil er eben jenes Gesetz aufgehoben wissen wollte und überhaupt seine ganz eigenthümliche, von der Jesu jedenfalls stark abweichende Lehrweise hatte. Würden die Urchristen, die ächten Christen aus der Judenschaft, ihn als Christen anerkannt haben, wenn sie damals sich selbst schon so genannt hätten? Gewiß nicht. Aber sie wollten ja noch Juden sein und haßten ihn eben, weil er vom Judenthum loswollte. Ja, in ihm selbst war trotzdem noch etwas vom Judenthum. Und dennoch wurden die Christen allmählig inne, daß sie keine Juden mehr, sondern etwas Neues seien, und nahmen den verketzerten Paulus, der sie eben dahin geführt hatte, nun willig auf — in das „neue Testament", während ihnen die bisherige heilige Schrift zum „alten Testamente" wurde.

Ist es nicht gegenwärtig wieder ebenso? Wir sind wieder im Uebergange zu einem Neuen begriffen. Da will aber niemand hören, daß es wirklich etwas Neues sei. Alle die „Reformer" wollen noch Christen sein, ja gerade die eigentlich rechten Christen, und sie feinden gelegentlich jeden an, der ihnen diesen Charakter schmälern will. Das neue Testament soll ihnen immer noch die heilige Schrift bleiben, aus der sie Alles zu schöpfen wähnen oder vorgeben. „Legst du nicht aus, so leg' was unter." Und dabei bringen sie eine Menge von Dingen, die darin ganz und gar nicht zu finden und nicht zu begründen sind, nur noch in neutestamentlichen Worten, aber in sehr verändertem Gehalt. Schließlich — und wenn darüber auch noch geraume Zeit vergehen sollte — finden sie sich dennoch außerhalb, und sagen mit Paulus: „Das Alte ist vergangen; es ist Alles neu geworden."

Das ist doch kein Zweifel, daß, wenn wir irgend Freidenkenden der gesammten Christenheit in Vergangenheit und Gegenwart unsre Ansichten darlegen und an sie die Frage stellen könnten, ob wir noch Christen seien, die ganz ungeheure Mehrheit einstimmig Nein rufen und uns sammt und sonders zum Tempel hinaus werfen würde. Drängen wir uns doch also nicht auf. Es kann dem Unbefangenen fast komisch erscheinen, wenn er sieht oder hört, wie sich Alles um den Namen des „Christen" reißt, und Keiner recht weiß, was er will, oder doch die Willen dabei so sehr verschieden sind. Es mahnt das fast an die Osterkämpfe um das heilige Grab im jetzigen Jerusalem.

Wir haben ja auch noch Vieles vom Griechenthum und werden die Göttergestalten desselben, einen Zeus, einen Apollo, eine Pallas Athene, nimmermehr aufgeben, setzen ihnen vielmehr immer noch Bildsäulen in unsern Kunsttempeln. Da wir aber wissen, daß sie nur Idealgestalten sind, die weder auf dem Olymp sitzen, noch mit flüchtigen Sohlen durch die Himmelsräume schweben, da wir also nicht mehr an sie als an wirkliche Götter glauben, sind wir doch keine Griechen mehr.

In den gebildeteren freisinnigen Kreisen ist es sehr gebräuchlich, das Wesentliche des Christenthums in der Liebe zu finden, und weil man sich zu ihr bekenne, sich noch Christ zu nennen. Die allgemeine Menschenliebe wird da angesehen, als wäre sie zuerst und allein im Christenthum aufgekommen. Aber auch dies ist nicht der Fall. Sie ist ebenso bei andern Völkern und vor dem Christenthume zu finden, durchaus kein neuer Gedanke des letztern, wie wir denn überhaupt den edeln sittlichen Ideen desselben auch bei jenen begegnen.*) Was aber die Ausübung der Liebe betrifft, so ist dieselbe doch auch nicht allein im Christenthume zu finden, und hat vielleicht dieselbe doch in ihm die höchste Stufe erreicht, so hat daneben der Haß sich nicht minder im furchtbarsten Maßstabe entwickelt, der Religions=, der Glaubenshaß in einem Maaße wie nirgends sonst, und er hat seine Grundlage und Quelle mindestens ebenso im Christenthum, wie die Liebe. Christsein ist ein sehr zweideutiger Ruhm.

Das sollte uns denn doch immer gegenwärtig halten, daß das Christenthum eine geschichtliche Form der Religion neben andern ist, nicht aber die ewige Form. Wer in dieser specifischen Form nicht mehr steht, und daneben auch die andern je in ihrer Bedeutung anerkennt, ist kein ächter Christ mehr.

Ist dieser Standpunkt aber überhaupt noch Religion? Strauß hat darauf geantwortet: „Ja oder nein; je nachdem man es verstehen will."

Es kommt darauf an, was man unter „Religion" versteht. Ist Religion, der alten Definition gemäß, irgend eine Art, Gott oder Götter — und zwar im eigentlichen Sinne des Worts, als göttliche Personen — zu

---

*) „Karl Scholl, Wahrheit aus Ruinen, oder das ewige Evangelium der Humanität. Frankfurt, 1873."

glauben und zu verehren, so haben wir freilich keine mehr. Ist aber Religion überhaupt die Verehrung von Mächten oder einer Macht, welche hoch über unsrem Einzeldasein steht, unendlich über dasselbe übergreift, so haben wir allerdings noch Religion. Diese Macht ist das Allleben, aus dem wir hervorgehen, auf dem wir fußen, in dem wir unsre Ewigkeit haben, in dem wir leben, weben und sind. Dieses Allleben ist zugleich Eins und unendliche Mannichfaltigkeit. Die Heiden haben es sich darum in mehreren oder vielen Göttern vorgestellt, die Juden und Muhamedaner in Einem Gott, die Christen in dem Einen, in drei Personen zerfallenden Gott. Wir verehren das All in seiner unfaßbaren Unendlichkeit und Ewigkeit als Eins; wir verehren aber auch die einzelnen Welt= und Lebensmächte in ihrem, im tiefsten Grunde eben so unbegreiflichen Walten. Wir sehen mit immer neuem Staunen und Entzücken den Sternenhimmel an, und vernehmen was die Forscher uns von ihm berichten, bewundern die Gesetzmäßigkeit in seinen Bewegungen, blicken ahnend in das Geheimniß der Unendlichkeit. So schauen wir auch wieder in der Nähe auf unsrer Erde auf die Wunder des Naturlebens in seiner unendlichen Mannichfaltigkeit, Gliederung und Verkettung, seiner entzückenden Schönheit, seiner Freundlichkeit und Milde, seiner Erhabenheit, ja seinen Schrecken. Im Sonnenschein, im Sturm, im Erdbeben, in Wärme und Kälte, überall bewundern wir es und fühlen uns ihm verwandt; und wiederum auch in entgegengesetzter Richtung beobachten wir das Kleine, das sich unsrer rein natürlichen Wahrnehmung entzieht, mit demselben Erstaunen. Und neben den Gestalten sind es nicht weniger die Alles durchströmenden und zusammenhaltenden Kräfte, die uns in Bewunderung versetzen. Ueberall wunderbares Leben und Weben, dessen Tiefen wir nicht ermessen.

Vor Allem aber fordert unsre Bewunderung und Verehrung der Geist, durch welchen im Menschen das Allleben sich offenbart, und in dem unser edelstes Wesen seine Heimath hat. All die hohen Gedanken, welche die Menschheit in sich erzeugt, die hohen Thaten und Werke, welche sie ausgeführt, der ganze große Geistesreichthum, den sie aufgespeichert hat und der sie beseelt, sind die Nahrung unsers innern Lebens und das Feld, worauf wir selbst zu arbeiten und zu fördern suchen. Das Menschenleben, unsre Theilnahme an demselben, unsre Arbeit auf seinem Felde, erfüllt und befriedigt uns.

Religion ist Verehrung: wir haben sie gegenüber dem All, der Natur, dem Geiste. Religion ist Idealismus: wir haben ihn in letzterm. Religion ist Hingabe an ein Höheres, Allgemeines: wir haben sie gegenüber allen hohen Geistesmächten, der Wahrheit, dem Guten, dem Edeln und Schönen, der Liebe und Freundschaft, der Familie, dem Vaterlande, dem Menschengeschlechte. Das alles steht uns weit über unsern bloß persönlichen und sinnlichen Interessen, die wir dafür hingeben. Bedeutet

8

Religion nach dem Wortlaut Verpflichtung gegen ein
Höheres, im Gegensatz zur Selbstsucht, so haben wir sie.
Wir wollen uns aber auch hier nicht um das Wort
ereifern. Erfindet ein neues, wenn ihr könnt. Wir
wahren uns die Sache: nennt sie wie ihr wollt.
Wir verwahren uns mit dem Worte gegen leicht=
sinnige, frevelhafte, selbstsüchtige, äußerliche, hohle An=
schauung und Behandlung der Welt und des Lebens, die
bei vielen Menschen und in manchen Kreisen für Weis=
heit gilt.
Es ist das die Religion des Geistes, gegenüber
der Geistlosigkeit. Wir meinen das nicht in vornehmem
Sinne, nach welchem der „Geistreiche" den geistig schlich=
ten Menschen geringschätzt. Es handelt sich dabei nicht
um Geistreichigkeit, nicht um Witz und Schlagfertigkeit,
nicht um vielleicht eitles Glänzen, nicht um Zuhausesein
in allen möglichen Gebieten, nicht um Schnelligkeit der
Auffassung und des Urtheils, überhaupt nicht um der=
artige hervorragende Begabung und Bildung, sondern um
eine geistige Anschauung der Welt und des Lebens, in
welcher man das Geistesleben für das Höchste achtet, um
das „Leben im Geiste". Das ist nicht Privilegium eines
Standes und einer äußerlichen Bildungsstufe, sondern
findet sich nicht selten bei den schlichtesten Menschen, wäh=
rend es der glänzenden Bildung nicht selten fehlt. Der
schlichte Mann und das schlichte Weib, die ihre Befrie=
digung darin finden, in Liebe und Treue beieinander zu
wohnen, fleißig und redlich ihrem Berufe nachzukommen,

ihre Kinder zu guten und tüchtigen Menschen zu erziehn, und sich dabei alles Guten freuen, was sie von außen her vernehmen, und dem Bösen feind sind, wo es sich zeigt, — das sind Menschen des Geistes; die aber bei aller Bildung nur Gutschmecker in Kunst und Wissen sind, egoistische Genießlinge in den Schätzen des Geistes und meist auch des Leibes, für jene schlichte Art kein Herz haben, draußen die Dinge gehen lassen wie sie wollen und mögen, — die haben bei aller etwaigen „Geistreichigkeit" dennoch den Geist nicht.

Das ist das tiefste Innere des „Lebens im Geiste", des „heiligen Geistes", wie es Paulus besonders preist und fordert, wenn er es auch in andrer Gestalt hatte als wir. Und das ist es, worin wir mit ihm und mit allem Aechten der Bibel alten und neuen Testaments, sowie aller andern Religionen, verbunden sind und bleiben. Die Religion des Geistes ist der ewige Kern in allen, der rothe Faden, der sie durchzieht, so verschieden auch das Geflecht sein mag, das ihn verhüllt.

Das ist die wahre Weltreligion, nicht das Christenthum. Das Christenthum wird nie von der ganzen Menschheit angenommen werden, so sehr sich die Mission darum bemüht. Es ist eine eitle Mühe, die sie sich giebt. Das Christenthum ist abgestorben; die Senker, die man davon nimmt, wurzeln nicht, weil es selbst keine Triebkraft mehr hat. Es liegt wie in der Luft, es geht nicht mehr. Die Zeit ist vorüber. Die Zeit des Wissens ist angebrochen. Was suchen denn die fremden Völker, namentlich die alten Völker Asiens, bei uns? Keinen neuen Glauben, sondern Wissen. Gegen den Glauben wehren sie sich. Darin sehen sie nicht die Ueberlegenheit der europäischen Völker, sondern im Wissen und der darauf sich gründenden Kunstfertigkeit, in der geistigen Lebendigkeit und in der Thatkraft, nicht im Singen und Beten, was sie selbst schon genug haben. Und in Verbindung hiermit, nicht in Verbindung mit nichtgeglaubten Geschichten und Dogmen, werden die Empfänglicheren allmählig auch die tiefere und höhere Lebensanschauung und Lebensgestaltung annehmen. Der Religion des Geistes kann nur von der Niedrigkeit aus widersprochen werden, der christlichen Religion aber von Seiten der edelsten Geistesregungen, von Seiten der Wahrhaftigkeit, der Wissenschaft, der Moral. Die Niedrigkeit, die Gemeinheit, die Schlechtigkeit werden der Religion des Geistes auch bei jenen Völkern widersprechen, aber sie wird auch hie und da bessern Boden finden, in dem sie keimen kann.

Das ist ein neuer Grund, nicht mehr auf das Christenthum zu pochen. Der Name „Christ" ist ein Name der Trennung und des Hasses; die Gläubigen Muhameds setzen ihren Namen dagegen, und wollen das Beste nicht, wenn es sich christlich nennt. Und so thun die Verehrer Brama's und Buddha's und Confutje's eben auch. Daß aber unsre Wissenschaft etwas gewaltiges sei, das werden sie immer mehr inne, und sie greifen nach ihr, weil sie mit unserm Christenthum nichts zu thun hat. Auf den

Flügeln der Wissenschaft wird der Geist bei ihnen einziehn.

Wollen denn auch nur die Juden, die unter uns wohnen, das Christenthum von uns annehmen? Nein, sie steifen sich demselben gegenüber nun gerade recht auf ihr Judenthum. Aber Wissenschaft und unsre Sprache und ganze Bildung, und unsern Staat und Gesetz, und alle edeln Züge unsers nationalen Daseins, darnach trachten die Bessern unter ihnen: die Schlechten aber verhärten sich in ihrer Schlechtigkeit gerade recht mit Hülfe ihres Gegensatzes zu uns als Christen. Erst wo wir uns nicht mehr unsers Christenthums rühmen, lassen sie auch ihr Judenthum beiseite.

Aber wir blicken auf die Kirche zurück und stellen einfach die Frage: Wird die Kirche jemals die freie Wissenschaft anerkennen, und wenn sie es thut, wohin wird das führen?

Wir können zunächst nur sagen, daß eine Geistesmacht, welche dies bleiben und gar herrschen will, in unsrer Zeit die Wissenschaft anerkennen muß, daß sie aber zu Grunde geht, wenn sie es nicht thut. So steht auch die Kirche. Die Wissenschaft verfluchen, wie der Papst es thut, das ist ein ohnmächtiges Unternehmen; sie aber mit Worten anerkennen und in der That verleugnen und verfolgen, wie es sonst in den kirchlichen Kreisen geschieht, das geht auf die Länge auch nicht. Wie wir schon gesagt haben:

es handelt sich hier nicht um die Wissenschaft als Magd, sondern um die Freie.

So ergeht denn an die Kirche die Aufforderung, daß sie die freie Beurtheilung des Ursprungs und des Inhalts der biblischen Bücher anerkenne und gewähren lasse, und daß sie ebenso nicht allein die Gestalt der Welt, sondern auch die Natur, das innere Wesen derselben, als Selbstleben anerkenne. Sie muß alles Wunder der Mythe fallen lassen und dem Wunder der Wirklichkeit huldigen.

Wird sie es thun? Die ächten Kirchenmänner werden sagen: damit würde sie, die sie ja auf das Wunder der christlichen Offenbarung gebaut ist und dasselbe zu ihrem Inhalte hat, sich selbst aufgeben. Wohl, wenn sie es nicht kann — ist unsre Antwort — so wird sie eben an der Wissenschaft, an der gesammten Cultur der Neuzeit zerschellen, oder vielmehr, sie wird immer mehr vom Leben beiseits gelassen, vergessen, und schließlich säcularisirt, von außen her in den Dienst des wirklichen Lebens verwendet werden. Der hartnäckig fortgesetzte Widerstand gegen die Wissenschaft kann nur immermehr zur Thorheit werden und zur Auflösung führen.

Dies wohl erkennend giebt es eine zahlreiche Partei, welche die Kirche mit der Wissenschaft „versöhnen" will. Wohl! aber wir möchten doch meinen, daß diese Versöhnung etwas äußerlich versucht wird. Die alte Form soll wesentlich bleiben, nur ein neuer Gehalt hineingegossen werden: die alten Worte, aber ein neuer Sinn.

Da meint denn der Hörer, im alten Worte doch auch wesentlich den alten Sinn zu haben, etwa nur mit einer unwesentlichen Veränderung. Aber auch im Sinne des Sprechers geht Altes und Neues durcheinander, als wäre es Eins; und wir möchten sagen, es ist wenigstens gut, wenn es eben auch in seinem Sinne so geht, weil sein Wort dann nicht unwahrhaft ist. Aber wir werden allzu oft zu der Frage veranlaßt: „Kann man auch neuen Wein in alte Schläuche fassen?"

Doch, wenn es uns auch nicht recht zusagt, wir müssen doch bekennen, es ist naturgemäß, daß es so geht. Es ist eben ein Uebergang. Der neue Wein ist in der Gährung, und da ist er trüb. Man trinkt den vielerorten gern. Er hält aber nur eine kurze Zeit, und muß von Stadium zu Stadium doch endlich zu klarem Weine werden. Mögen Jene nur den nicht schelten, der etwa gleich den ausgegornen vorzieht.

Diejenigen, welche die Wissenschaft und überhaupt das neue Denken innerhalb der Kirche selbst zur Geltung zu bringen versuchen, gehen, wenn bestimmter bewußt, wohl von dem Gedanken aus, daß die Kirche ja keine Privatanstalt, sondern eine allgemeine öffentliche Volks- und Staatsanstalt sei, und darum nicht einem einzelnen alten Bekenntniß, sondern überhaupt dem religiös-sittlichen Leben gehöre; und deshalb sei sie die berechtigte Stätte für alle und jede, auch die weitestgehende Reform auf diesem Gebiete. Theoretisch ist das richtig: wird sich aber auch die Ausführung als praktisch möglich erweisen? Das

Endergebniß mag das wohl sein; wie aber bis dahin? Wird man ganz ruhig in dem alten Hause wohnen bleiben können, während die verzweifeltsten Reparaturen und Umbauten vorgenommen werden? Es ist denn doch eine ungeheure Menge der alten Bewohner in aller Stille schon ausgezogen, und hat sich jeder für sich abseits angesiedelt. Sollen diese sich nicht vielleicht doch zu einem gemeinsamen Wohnsitz vereinigen, da jetzt für sie im alten Hause durchaus nicht bleibens ist, und die Vereinzelung doch zur nachtheiligen Vereinsamung werden könnte? — Strauß erkennt die **Freien Gemeinden** als den folgerichtigsten Versuch auf diesem Felde an, behandelt und verwirft denselben aber denn doch allzu flüchtig und geringschätzig. Etwa zwei gehörte Vorträge gefielen ihm nicht; darauf scheint sich seine Erfahrung zu beschränken. Die Vorträge waren ohne Zweifel nicht auf Gelehrte, und nun gar auf solche, welche bereits ein langes Leben all diesen Gegenständen und Gedanken geweihet haben, berechnet; weiß er aber, daß dieselben auch für die gewöhnliche Zuhörerschaft nichts waren? Und wäre sogar dies gewesen, kann man nach zweien die zahllosen beurtheilen? Und vermißt er andres außer den Vorträgen, — wo sind die Mittel, die es schaffen? Ja, wo sind überhaupt die Mittel bei dem kleinen Häuflein mit einigen Führern und Sprechern, die sich schwer, oft kummervoll, durch das Leben schlagen?

Wir wollen jedoch darauf keineswegs allein alle Schuld werfen. Wohl keiner unter den Führern und Sprechern der freien Gemeinden wird so selbstgerecht sein, keiner vielleicht weniger als der Schreiber dieser Zeilen, der auch einstmals in ihrer Reihe stand, bis er in die Ferne getrieben wurde. Eine ungeheure Aufgabe haben wir auf unsere Schultern geladen, unerhört bis zu dieser Zeit. Wer gewiß ist, daß er es besser gemacht hätte, der werfe den ersten Stein auf uns, und mache es dann besser, was wir nachher gern anerkennen wollen.

Es möchte wohl nicht ganz unrichtig sein, wenn ich sage: die Größe der Aufgabe hat die zurückgeschreckt, welche fern blieben, obgleich sie mit uns innerlich auf gleichem Boden standen. Sie schätzten vielleicht trotzdem die Sache gering, weil sie es für unmöglich hielten, die auf der Wissenschaft fußende Weltanschauung zum Gemeingut zu machen, — also eben um der Größe der Aufgabe willen.

Ja, die freien Gemeinden lassen überall noch sehr viel zu wünschen übrig; das glauben meistens nur die draußen stehn, wir aber wissen es. Unsre Idee geht über die Wirklichkeit weit hinaus. Die Anfänge sind immer klein, wenn sie auch der Nachwelt oft riesig erscheinen. Die neue Geistesreligion ist erst im Werden. Auch das Christenthum hatte nicht gleich kölner Dome und Peterskirchen; es war noch ungleich mehr verachtet als wir.

Allerdings hat die äußere Ungunst der Dinge, wie Mangel an Mitteln, Verfolgung von Seiten der bestehenden Gewalten, der Sache schwere Steine in den Weg gelegt. Aber wir wollen darum nicht verkennen, daß auch die innere Unreife ihren Antheil daran hat. Die neue Geistesreligion ist noch nicht mit solcher Klarheit und Geschlossenheit hervorgetreten, daß sie die Macht gehabt hätte, alles Verwandte an sich zu ziehn. Vielleicht wird sie, wenn sie einmal dahin gelangt ist, die „neue Gemeinde" hervorrufen, zu der die „freie Gemeinde" nur Vorbereitung und Uebergang gewesen ist. Unterdeß gehören uns innerlich alle die an, welche desselben Geistes freier Erkenntniß und guten Willens sind; und wo dieser Geist gepredigt und gefördert wird, da ist unsre Sache.*)

Zweierlei möchte zum Schlusse noch gesagt werden.

Es ist hohe Zeit, daß „der neue Glaube", die neue Lebensüberzeugung, sich bestimmter zusammenfaßt, einen festern, mehr abgerundeten Ausdruck gewinnt, so daß sie der Einzelne in ihren Grundzügen zu übersehen und zu seinem klar bewußten Eigenthume zu machen im Stande ist. Die große Menge der Menschen in unsern Culturvölkern, in unserm deutschen ganz besonders, hat am überlieferten Kirchenglauben keinen wahren Halt mehr. Von der Lauheit geht es zur Gleichgültigkeit, zum Zweifel, zum halben, zum ganzen Unglauben: alle Stufen sind in allen Ständen nebeneinander zu finden. Wir wollen nur die der vollen Entfremdung hier im Auge haben. Die

---

*) Die weitere Verantwortung für die freie Gemeinde möge Andern überlassen bleiben, welche mehr darin stehn, als ich seit zwanzig Jahren. Siehe: Hieronymi, Dr. David Strauß und die religiöse Bewegung der Gegenwart. Wiesbaden 1873.

entschieden sittlichen Naturen haben dabei dennoch Halt in sich; die das nicht so entschieden sind, schwanken hin und her, wissen nicht ob rechts oder links, oder versinken. Die Zurückführung zum kirchlichen Glauben kann im Großen und Ganzen nimmermehr gelingen; der Unglaube an die Kirchenlehre wird, weil sie mit der Wissenschaft in Widerspruch steht, nur zunehmen. Es wird Zeit, daß man dem Menschen einen neuen Halt gebe, der seinen unwandelbaren Grund, statt in der Mythe, in der wirklichen Welt und im Menschenwesen habe.

Das muß durch Schrift geschehn. Ist das aber genug? So lange nichts andres da ist. Der Mensch, und zwar jeder mehr oder weniger, bedarf zum vollen Geistesleben der Gemeinschaft mit Gleichgesinnten. Gemeinschaft klärt und festigt, Gemeinschaft mit Gleichgesinnten giebt Halt. Und bedarf der Mensch einer Autorität, — in der Gemeinschaft, der er zugehört, hat er sie. Er hatte sie etwa früher in der Kirche; das ist vorüber. Hat er sie vielleicht nun im Staate? So viel ihm dieser gelten soll, zu solcher Höhe hat derselbe sich doch noch nicht emporgeschwungen. Oder in der „Gesellschaft"? Damit ist es noch weniger so weit. Oder vielleicht in sonstigen Einrichtungen? Wir kennen keine solchen. Dem, auf den Boden des freien Gedankens gerathenen Volke wird, abgesehen von der erkannten Wahrheit selbst, Autorität und Halt doch wohl nur in einer neuen Gemeinde liegen, bis das Ganze entschieden dem neuen Geiste huldigt.

Druck der Leipziger Vereinsbuchdruckerei.

Verlag von **Ernst Keil** in Leipzig.

Die Bibel.

Für denkende Leser betrachtet
von
Gustav Adolf Wislicenus.
Zweite unveränderte Ausgabe.
Zwei Theile in einem Bande.
Elegant broch. Preis 2¾ Thlr.

Wie sehr das obige Werk vermöge der bekannten gemeinverständlichen Darstellungsweise des Verfassers von dem ganzen denkenden deutschen Volke willkommen geheißen, dafür spricht die **zweite unveränderte Ausgabe**, welche nach kaum 1½ Jahren nothwendig geworden ist. Die gegenwärtige Verwirrung in religiösen Dingen wirkt sowohl innerlich als äußerlich hemmend ein, schwächt die großen Bestrebungen der Zeit ab, und hindert den Einzelnen, mit sich selbst in Einklang zu kommen. In der hier erscheinenden Schrift werden die Geschichten und Lehren der Bibel dargestellt und betrachtet mit vollgerechter Würdigung der Vergangenheit, aber auch in **unbestechlicher Wahrheitsliebe**. Sie ist keine neue Auflage des früher erschienenen Bibelwerks desselben Verfassers, sondern eine **durchaus neue Arbeit**. Nur in Betreff der Grundsätze steht sie wie jene auf dem Boden der Wissenschaft, vor der die Bibel eine Erscheinung der Geschichte, ein Glied in der Kette menschlicher Geistesentwickelung ist, in welcher Eigenschaft sie keine Ausnahmestellung einnimmt, sondern ebenso wie andere Bücher dem Urtheile der denkenden Menschen unterliegt.

Für Haus und Herz.

Letzte Klänge
von
Leopold Schefer.
Herausgegeben von
Rudolf Gottschall.
Elegant geb. mit Goldschnitt. Preis 1 Thlr. 27 Ngr.

Es liegt in diesen „Letzten Klängen" keine Nachlese vereinzelter, halbvergessener, halbverlorener poetischer Abfälle vor, wie man sie sonst in dichterischen Nachlässen häufig zu sammeln pflegt, sondern es sind selbständige und bedeutsame Dichtungen aus einem Gusse, aus einer originellen Weltanschauung geschaffen und ebenbürtig dem Besten, was wir von dem Sänger des „Laienbreviers" besitzen. Die Beziehungen, in welchen sie zu dem Familienleben und den Familienereignissen stehen, machen sie in den betreffenden Kreisen zu einem werthvollen Geschenke.

www.ingramcontent.com/pod-product-compliance
Lightning Source LLC
Chambersburg PA
CBHW031335160426
43196CB00007B/696